Stephanie Kretschmar

Elektronische Zahlungssysteme

Verbreitung und Akzeptanz im B2C Bereich

I0013975

Stephanie Kretschmar

# Elektronische Zahlungssysteme

## Verbreitung und Akzeptanz im B2C Bereich

Diplom.de

**Bibliografische Information der Deutschen Nationalbibliothek:**

Bibliografische Information der Deutschen Nationalbibliothek: Die Deutsche
Bibliothek verzeichnet diese Publikation in der Deutschen Nationalbibliografie;
detaillierte bibliografische Daten sind im Internet über http://dnb.d-nb.de/ abrufbar.

Copyright © 2005 Diplomica Verlag GmbH
Druck und Bindung: Books on Demand GmbH, Norderstedt Germany
ISBN: 978-3-8386-8737-7

http://www.diplom.de/e-book/223923/elektronische-zahlungssysteme

Stephanie Kretschmar

# Elektronische Zahlungssysteme

*Verbreitung und Akzeptanz im B2C Bereich*

Diplomarbeit
FOM · Fachhochschule für Ökonomie und Management, Essen
Fachbereich Wirtschaftsinformatik
Abgabe März 2005

*Diplom*.de

Diplomica GmbH
Hermannstal 119 k
22119 Hamburg

Fon: 040 / 655 99 20
Fax: 040 / 655 99 222

agentur@diplom.de
www.diplom.de

ID 8737

ID 8737
Kretschmar, Stephanie: Elektronische Zahlungssysteme ·
Verbreitung und Akzeptanz im B2C Bereich
Hamburg: Diplomica GmbH, 2005
Zugl.: FOM · Fachhochschule für Oekonomie und Management Essen,
Diplomarbeit, 2005

Diplomica GmbH
http://www.diplom.de, Hamburg 2005
Printed in Germany

# Inhaltsverzeichnis

# Abbildungsverzeichnis

# Glossar

| | |
|---|---|
| **Acquirer** | Vertragsunternehmen eines Händlers, welches die Kartendaten autorisiert, erfasst und Zahlungen transferiert. |
| **Authentifizierung** | Verfahren zur Überprüfung der Identität, dies kann mit Hilfe von Passwörtern, Chipkarten oder biometrischen Verfahren realisiert werden. |
| **Asymmetrische Verschlüsselung** | Verschlüsselungsverfahren, bei dem zwei Schlüssel verwendet werden; ein Schlüssel zum Verschlüsseln und einer zum Entschlüsseln. |
| **B2C** | Kurzform von Business-to-Consumer, bezeichnet Geschäftsbeziehungen zwischen Händlern und Privatkunden. |
| **Challenge Response** | Verfahren, bei dem die Autorisierung über persönliches Geheimnis erfolgt; wird unter anderem bei EC-Karten mit PIN eingesetzt. |
| **Digitale Signatur** | Daten, die elektronischen Nachrichten hinzugefügt werden und der Authentifizierung dienen. |
| **Disagio** | Gebühr, die ein Händler für Kartentransaktionen an Acquirer oder entsprechendes Vertragsunternehmen zahlt. |
| **Hash- Funktion** | Verfahren, welches zur Komprimierung von Nachrichten und Daten dient. Aus einer Nachricht wird ein Wert mit fester Länge berechnet, der so genannte Hash- Wert. Dieser ist der Nachricht eindeutig zuzuordnen, da eine Veränderung in der Nachricht zu einem veränderten Hash- Wert führt. Rückschlüsse vom Hash- Wert auf die Nachricht sind nicht möglich. |

| | |
|---|---|
| **Hybride Verschlüsselung** | Kombination aus symmetrischer und asymmetrischer Verschlüsselung. Eine Nachricht wird symmetrisch verschlüsselt. Der verwendete Schlüssel wird mit dem öffentlichen Schlüssel des Empfängers verschlüsselt, so dass nur der Empfänger (Inhaber des privaten Schlüssels) den Schlüssel und anschließend die Nachricht entschlüsseln kann. |
| **Kerberos** | Dienst der auf einem Server aktiviert ist und die Authentifizierung durch die Verteilung und Verwaltung von Sitzungsschlüsseln regelt. |
| **Persönliche Identifikations-nummer (PIN)** | Persönliches Geheimnis, welches aus Zahlen- und/ oder Buchstabenkombinationen besteht und der Authentifizierung dient. |
| **Public Key Infrastructure (PKI)** | Methode für die Erstellung, Ausgabe und Verwaltung von Zertifikaten und digitalen Signaturen. |
| **Random Access Memory (RAM)** | Speicher, der lesbar, adressierbar und beschreibbar ist; speichert die Daten nur solange eine Stromversorgung vorhanden ist. |
| **Read Only Memory (ROM)** | Speicher, der lesbar, aber nicht wieder beschreibbar ist. |
| **RSA** | Asymmetrisches Verschlüsselungsverfahren, 1978 veröffentlicht und nach seinen Erfindern Ron Rivest, Adi Shamir und Leonard Adleman benannt. |
| **Secure Electronic Transaction (SET)** | Protokoll zur sicheren Datenübertragung im Internet, speziell für sensible Daten entwickelt. Verwendet Zertifikate bei allen Vertragspartnern und garantiert die eindeutige Identifizierung. |

| | |
|---|---|
| **Secure Socket Layer (SSL)** | Protokoll zur sicheren Datenübertragung im Internet. Vor einer Kommunikation wird eine verschlüsselte Verbindung aufgebaut, über die die Daten ausgetauscht werden. |
| **Server** | Physikalische Maschine, die in einem Netzwerk Daten und Applikationen für andere Rechner zur Verfügung stellt. |
| **Symmetrische Verschlüsselung** | Verschlüsselungsverfahren, bei dem ein Schlüssel für die Ver- und Entschlüsselung verwendet wird. Der Schlüssel muss im Vorfeld über ein sicheres Medium ausgetauscht werden. |
| **Verschlüsselung** | Transformation einer lesbaren Nachricht (Klartext) in eine nicht lesbare Nachricht (Geheimtext). Ein Geheimtext kann mit einer entsprechenden Schlüsselinformation wieder in einen Klartext transformiert werden. |
| **Zertifikat** | Öffentlicher Schlüssel, der von einer Zertifizierungsstelle ausgestellt wird und den Inhaber eindeutig identifiziert. |
| **Zertifizierungs-stelle** | Organisation, die für die Erstellung, Ausgabe und Verwaltung von Zertifikaten und digitalen Signaturen zuständig ist. Auch Certificate Authority oder Trust Center genannt. |

# 1 Einleitung

Elektronische Zahlungssysteme spielen heutzutage eine entscheidende Rolle. Neben Flexibilität und Verfügbarkeit geben sie dem Kunden im B2C Bereich ein gewisses Maß an Freiheit. Mit der freien Entscheidung, aus verschiedenen elektronischen Zahlungssystemen wählen zu können, stellt sich nicht nur für Kunden, sondern auch für Händler die Frage nach dem geeignetsten Zahlungssystem. Welches der elektronischen Zahlungssysteme ist aber das sicherste und beste? Gibt es überhaupt ein bestes Zahlungssystem oder macht nur die richtige Kombination verschiedener Zahlungssysteme das beste Zahlungssystem aus? Spielt es bei der Auswahl des besten Zahlungssystems eine Rolle, ob der Händler seine Ware in einem Geschäft mit Öffnungszeiten oder über das Internet verkauft?

Mittlerweile gibt es ein breites Spektrum an verschiedenen Zahlungssystemen. Einige können sich durchsetzen, andere nicht. Warum ist dies so? Warum genießen einige Zahlungssysteme weltweite Akzeptanz und andere verschwinden eine Woche nach der Einführung wieder?

Ziel dieser Arbeit ist es, herauszufinden, welche Anforderungen ein elektronisches Zahlungssystem erfüllen muss, um weltweite Akzeptanz im B2C Bereich zu bekommen. In diesem Rahmen werden klassische elektronische Zahlungssysteme vorgestellt, bewertet und verglichen. Dabei wird auf rechtliche Grundlagen und die wirtschaftliche Bedeutung für Händler und Kunden eingegangen. Die Bewertung erfolgt anhand vorher festgelegter Kriterien, so dass sich Kunden, Händler und Portalbetreiber ein Bild von den verschiedenen elektronischen Zahlungssystemen machen können. So kann jeder individuell nach seinen Bedürfnissen entscheiden, welches das geeignetste Zahlungssystem für ihn ist.

**Gang der Untersuchung:**

Diese Arbeit besteht aus 6 Kapiteln, beginnend mit Kapitel 1, das die Zielsetzung und die Motivation beschreibt. Anschließend erfolgt der Ablauf der Umsetzung.

Kapitel 2 erläutert die Grundlagen elektronischer Zahlungssysteme und deren Funktionen. Des Weiteren werden die klassischen Zahlungssysteme, um die es in dieser Arbeit geht, vorgestellt und erklärt.

Kapitel 3 beschäftigt sich mit den Rechtsgrundlagen elektronischer Zahlungssysteme, wobei hier besonderer Wert auf die entsprechenden Datenschutzrichtlinien gelegt wird. Zum Schluss des Kapitels werden die einzelnen elektronischen Zahlungssysteme nach Bereichen aufgeteilt und noch einmal im Hinblick auf die Rechtsgrundlagen analysiert.

Kapitel 4 befasst sich mit der wirtschaftlichen Bedeutung elektronischer Zahlungssysteme für Händler und Kunden. Hierbei werden vor allem die Vor- und Nachteile für Händler und Kunden behandelt.

Kapitel 5 betrachtet die Anforderungen an elektronische Zahlungssysteme. Hierfür werden die elektronischen Zahlungssysteme, gegliedert nach Bereichen, in den einzelnen Anforderungen bewertet. Nach der Bewertung erfolgen ein Vergleich aller genannten elektronischen Zahlungssysteme und die Auswertung einer für diese Arbeit angefertigten Umfrage.

Kapitel 6 enthält eine kurze Zusammenfassung der Ergebnisse dieser Arbeit.

# 2 Technologie der Zahlungssysteme

In der heutigen Zeit gibt es viele verschiedene elektronische Zahlungssysteme, die in der Regel auf unterschiedliche Techniken zurückgreifen. Allerdings haben alle elektronischen Zahlungssysteme einen gemeinsamen Nenner, die Verschlüsselung. Um die Sicherheit von elektronischen Zahlungssystemen gewährleisten zu können, finden verschiedene Verschlüsselungsverfahren Anwendung. Neben den Verschlüsselungsverfahren ist die Authentifizierung ein zweiter wichtiger Sicherheitsaspekt. Aus diesem Grunde werden im Folgenden erst einige Verschlüsselungs- und Authentifizierungsverfahren erklärt und danach die klassischen elektronischen Zahlungssysteme.[1]

## 2.1 Verschlüsselungsverfahren

Eine Nachricht durchläuft im Internet viele Knotenpunkte, an denen sie problemlos abgefangen, eingesehen und manipuliert werden kann. Um dies zu verhindern, sind symmetrische und asymmetrische Verschlüsselungsverfahren entwickelt worden. Die Nachrichten können zwar immer noch abgefangen, aber nicht mehr gelesen werden. Erst

[1] Vgl. Weber 2002, S.8f.

durch das Entschlüsseln einer Nachricht ist das Lesen wieder möglich. Ohne einen entsprechenden Schlüssel ist dies allerdings nicht so ohne weiteres realisierbar. Eine 100% Garantie, gegen unbefugtes Einsehen der Daten, gibt es bei Verschlüsselungsverfahren nicht, da mit einer entsprechend hohen Rechenleistung und genügend Zeit jeder Schlüssel entschlüsselt werden kann.[2]

### 2.1.1 Symmetrische Verschlüsselungsverfahren

Die symmetrische Verschlüsselung benutzt einen Schlüssel für die Ver- und Entschlüsselung. Dafür ist es wichtig, dass der Schlüssel im Vorfeld über ein sicheres Medium an den Empfänger der Nachricht gesendet wird. Der Nachteil bei der symmetrischen Verschlüsselung besteht darin, dass der Verwaltungsaufwand für die hohe Anzahl der Schlüssel recht hoch ist.[3]

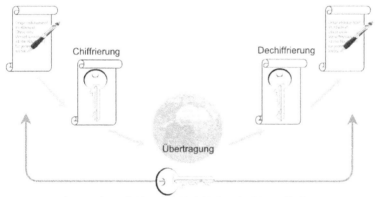

Chiffrierung     Dechiffrierung

Übertragung

Austausch des Schlüssel im Vorfeld über ein sicheres Medium

**Abbildung 1**: Symmetrische Verschlüsselung

Zwei der bekanntesten Verfahren, die auf der symmetrischen Verschlüsselung aufbauen, sind der Data Encryption Standard, kurz (DES), und der International Data Encryption Algorithm, kurz IDEA. Der Data Encryption Standard ist in den siebziger Jahren von IBM entwickelt worden und verwendet eine 56 Bit Verschlüsselungstiefe. Mit einer Verschlüsselungstiefe von 128 Bit ist der International Data Encryption Algorithm wesentlich sicherer als der Data

---

[2] Vgl. Höft 2002, S. 11f.
[3] Vgl. ebenda.

Encryption Standard. Der International Data Encryption Algorithm ist von den Schweizern Lay und Massey entwickelt und 1990 veröffentlicht worden. Das Patent für den International Data Encryption Algorithm besitzt im europäischen Raum die Schweizer Firma Ascom.[4]

### 2.1.2 Asymmetrische Verschlüsselungsverfahren

Die asymmetrische Verschlüsselung verwendet zwei Schlüssel – einen privaten und einen öffentlichen. Bei der asymmetrischen Verschlüsselung stellt der Händler seinen öffentlichen Schlüssel den Kunden zur Verfügung. Diese können dann Nachrichten, mit Hilfe des öffentlichen Schlüssels, verschlüsselt an den Händler übertragen. In diesem Fall ist nur der Händler im Besitz des privaten Schlüssels, dementsprechend kann auch nur der Händler die Nachrichten entschlüsseln.[5]

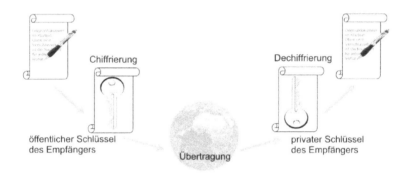

**Abbildung 2**: Asymmetrische Verschlüsselung

Das am häufigsten verwendete asymmetrische Verschlüsselungsverfahren ist RSA. Es ist 1978 veröffentlicht worden und nach seinen Erfindern Ron Rivest, Adi Shamir und Leonard Adleman benannt. Da asymmetrische Verschlüsselungsverfahren eine hohe Rechenleistung voraussetzen, werden oft hybride Verschlüsselungsverfahren eingesetzt.[6]

---

[4] Vgl. Lauert 1999, (17.02.2005)
[5] Vgl. Lepschies 2000, S.14f.
[6] Vgl. Lauert 1999, (17.02.2005)

### 2.1.3 Hybride Verschlüsselungsverfahren

Bei den hybriden Verschlüsselungsverfahren werden die Vorteile von symmetrischer und asymmetrischer Verschlüsselung genutzt. Die entsprechende Nachricht wird mit einem zufällig generierten symmetrischen Schlüssel verschlüsselt. Dieser wird mit dem öffentlichen Schlüssel des Empfängers asymmetrisch verschlüsselt. Die Nachricht und der verschlüsselte Schlüssel werden dann zusammen an den Empfänger gesendet. Der Empfänger ist in der Lage, mit seinem privaten Schlüssel den asymmetrisch verschlüsselten Schlüssel zu entschlüsseln. Mit diesem entschlüsselten Schlüssel kann der Empfänger die Nachricht entschlüsseln.[7]

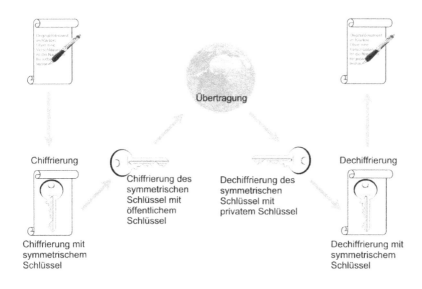

**Abbildung 3**: Hybride Verschlüsselungsverfahren

Pretty Good Privacy, kurz PGP, ist eines der bekanntesten Verfahren, welches auf der hybriden Verschlüsselung aufsetzt. Pretty Good Privacy verwendet für das Verschlüsseln von Nachrichten den International Data Encryption Algorithm und für den Schlüssel das RSA Verfahren.[8]

---

[7] Vgl. Höft 2002, S. 12.
[8] Vgl. Zöppig, (17.02.2005)

## 2.1.4 RSA

Wie oben schon erwähnt ist RSA das am häufigsten verwendete asymmetrische Verschlüsselungsverfahren, welches 1978 veröffentlicht worden und nach seinen Erfindern Ron Rivest, Adi Shamir und Leonard Adleman benannt worden ist.

### 2.1.4.1 RSA- Algorithmus

RSA basiert auf der Faktorisierung von Primzahlen. Hierbei gilt für die natürlichen Zahlen $m$ $\leq n$ und $k$, wenn ein Produkt $n$ von zwei verschiedenen Primzahlen $p$ und $q$ ist, die folgende Gleichung:

$$m^{k(p-1)(q-1)+1} \bmod n = m$$

Für die Erzeugung eines Schlüsselpaares mittels RSA werden demnach zwei möglichst große Primzahlen $p$ und $q$ bestimmt. Aus diesen Primzahlen wird das Produkt $n$ und die Zahl $\varphi(n) = (p-1)(q-1)$ errechnet. Danach wird eine natürliche Zahl $e$, die teilerfremd zu $\varphi(n)$ ist, ermittelt. Mit dieser natürlichen Zahl kann die Zahl $d$ mit

$$e \cdot d = k(p-1)(q-1)+1, \text{ k } \varepsilon \text{ } \mathbf{N}$$

errechnet werden. Die Zahlen $e$ und $n$ bilden den öffentlichen Schlüssel und $d$ bildet den geheimen Schlüssel. Die Zahlen $p$, $q$ und $\varphi(n)$ werden nicht mehr benötigt, sollten aber ebenfalls nicht weitergegeben werden. [9]

Am leichtesten lässt sich das RSA Verfahren an einem Beispiel verdeutlichen. Zur Vereinfachung werden zwei sehr kleine Primzahlen $p = 33$ und $q = 47$ verwendet. Aus den Primzahlen werden das Produkt $n$ = 1.551 und die Zahl $\varphi(n)$ = 1.472 berechnet. Die teilerfremde Zahl zu $\varphi(n)$ ist $e = 3$. Diese Zahlen können in die folgende Gleichung eingesetzt werden:

$$e \cdot d = k(p-1)(q-1)+1$$
$$3 \cdot d = k(33-1)(47-1)+1$$

In diesem Beispiel ist die Ermittlung von $d$ relativ einfach, da auf den ersten Blick ersichtlich ist, dass bei $k = 1$ und demnach $d = 491$ die Gleichung ausgeglichen ist. Bei der Nutzung von

---

[9] Vgl. Beutelspacher/ Schwenk/ Wolfenstetter 2004, S. 20.

größeren Primzahlen werden geeignete mathematische Berechnungen, zum Beispiel der erweiterte euklidische Algorithmus, für die Ermittlung von $d$ verwendet.

Je größer die verwendeten Primzahlen bei RSA sind, umso schwieriger wird die Entschlüsselung. Momentan werden bei RSA überwiegend Schlüssel mit einer Länge von 1024 Bit verwendet. Bis jetzt ist diese Schlüssellänge noch nicht entschlüsselt. Um zu verdeutlichen, wie sicher RSA ist und um neue Erkenntnisse im Bereich der Verschlüsselung und Zahlentheorie zu erlangen, hat die RSA Security Inc. 1991 die Primfaktorzerlegungsaufgaben ins Leben gerufen. In jeder Aufgabe wird ein Schlüssel mit einer entsprechenden Länge vorgegeben, der entschlüsselt werden soll. Die letzte Primfaktorzerlegungsaufgabe RSA- 576 ist am 3. Dezember 2003 gelöst worden. Hierbei handelt es sich um einen 576 Bit langen Schlüssel. Für die Entschlüsselung sind drei Monate und über 100 Rechner benötigt worden. Weitere sieben Aufgaben von RSA- 640 bis RSA- 2048 können auf den Seiten der RSA Security Inc. nachgeschlagen werden. Erfolgreiche Lösungen werden mit einem Honorar belohnt, im Falle von RSA- 2048 beträgt das Honorar 200.000 Dollar.[10]

### 2.1.4.2 RSA- Verschlüsselung

Bei RSA wird die Blockchiffre verwendet. Dies bedeutet, dass der Klartext $m$ in ganze Zahlen umgewandelt werden muss. Hierfür wird der Klartext in Blöcke aufgeteilt, die dann als Zahlen zwischen 0 und n-1 interpretiert werden.[11]

Für die RSA- Verschlüsselung wird der öffentliche Schlüssel benötigt. Wie beschrieben wird der öffentliche Schlüssel aus dem Produkt $n$ und der Zahl $e$ gebildet. Der öffentliche Schlüssel in dem Beispiel ist (1.551,3). Mit diesem Schlüssel kann der Klartext $m$ = 199 gemäß der folgenden Gleichung verschlüsselt werden:

$$c = m^e \bmod n$$

Asymmetrische Verschlüsselungsverfahren besitzen die Eigenschaft, dass die Zahl $d$ nur berechnet werden kann, wenn das Produkt $n$ und die Zahl $e$ bekannt sind.[12]

---

[10] Vgl. RSA Security 2004, (17.02.2005)
[11] Vgl. Popall 1996/97, (18.02.2005)

Für die Verschlüsselung wird $m^3$ mod 1.551 berechnet.

$199^2 \equiv 39.601 \equiv 826$ mod 1.551

$199^3 \equiv 826 \cdot 199 \equiv 164.374 \equiv 1.519$ mod 1.551

Der Klartext $m = 199$ wird zu dem verschlüsselten Text $c = 1.519$.

**Exkurs: Euklidischer Algorithmus**

Die Berechnung im vorangegangenen Beispiel ist über den euklidischen Algorithmus erfolgt. Über den euklidischen Algorithmus kann der größte gemeinsame Teiler (ggT) von zwei Zahlen errechnet werden. Für die Berechnung gilt:

- $m > n$, ist dies nicht der Fall, werden $m$ und $n$ getauscht
- berechne Rest $r = m - n$
- ersetze $m$ durch $n$ und $n$ durch $r$ ($m = n$, $n = r$)
- ist m $\neq$ 0 dann weiter mit Punkt 1[13]

Im vorangegangenen Beispiel wird die Schleife nicht bis $m = 0$ durchlaufen, sondern endet mit der Erreichung des Exponenten $e$.

**2.1.4.3 RSA- Entschlüsselung**

Für die Entschlüsselung wird der private Schlüssel $d = 491$ und das Produkt $n = 1.551$ benötigt. Mit Hilfe des privaten Schlüssels kann gemäß der folgenden Formel der Klartext berechnet werden:

$$m = c^d \bmod n$$

Die Berechnung kann analog zur Verschlüsselung mit $m^{491}$ mod 1551 erfolgen.

$$1519^{491} \equiv 1.519 \bmod 1.551$$

Womit der Klartext $m = 1.519$ wiederhergestellt ist.

---

[12] Vgl. Beutelspacher/ Schwenk/ Wolfenstetter 2004, S. 20.
[13] Vgl. RTC 2003, (18.02.2005)

## 2.1.5 Public Key Infrastructure - PKI

Bei den vorher genannten Verschlüsselungsverfahren ist es wichtig, dass mit Hilfe der entsprechenden Schlüssel eine Authentifizierung, Identifizierung, Vertraulichkeit und Nichtabstreitbarkeit gegeben ist. Dies ist allerdings nur der Fall, wenn einer Person ein bestimmter Schlüssel zugeordnet werden kann und nur diese Person Nachrichten mit diesem Schlüssel erstellen kann. Um dies zu gewährleisten, ist es notwendig, unabhängige Organisationen mit der Schlüsselüberwachung zu beauftragen. Dieses so genannte Schlüsselmanagement, auch Public Key Infrastructure, kurz PKI genannt, hat die folgenden Aufgaben:[14]

- Benutzerregistrierung
- Zertifikaterstellung
- Zertifikatverwaltung
- Zertifikatzuordnung
- Zertifikatbeglaubigung
- Zertifikatausgabe
- Pflege der Zertifizierungsverzeichnisse
- Festlegung der Gültigkeit von Zertifikaten[15]

Die Verwaltung von Schlüsseln erfolgt demnach über Zertifikate. Die Public Key Infrastructure kann durch verschiedene Instanzen realisiert werden.

---

[14] Vgl. Chief Information Office 2004, (27.02.2005)
[15] Vgl. Rebstock/ Hildebrand 1999, S. 264.

## 2.1.5.1 Zertifizierungsstellen

Zertifizierungsstellen sind staatliche, staatlich überwachte oder private Organisationen. Sie werden Certificate Authority, kurz CA oder Trust Center genannt.

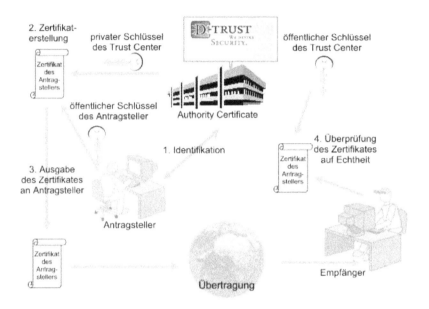

**Abbildung 4**: Public Key Infrastructure mit Zertifizierungsstellen

Für die Ausstellung eines Zertifikates identifiziert sich der Antragsteller bei einer Zertifizierungsstelle. Nach erfolgreicher Identifikation wird der öffentliche Schlüssel des Antragstellers an die Zertifizierungsstelle übertragen. Mit diesem öffentlichen Schlüssel des Antragstellers und dem privaten Schlüssel der Zertifizierungsstelle wird das Zertifikat für den Antragsteller gebildet. Jeder Empfänger dieses Zertifikates kann die Echtheit durch den öffentlichen Schlüssel der Zertifizierungsstelle überprüfen.[16]

---

[16] Vgl. Höft 2002, S. 17.

## 2.1.5.2 Kerberos

Das Kerberos Verfahren ist in den 80er Jahren am Massachusetts Institute of Technology, kurz MIT, entwickelt worden. Dieses Verfahren ist nach dem Hund Kerberos, der in der griechischen Mythologie die Unterwelt bewacht, benannt und liegt mittlerweile in der Version 5 vor.[17]

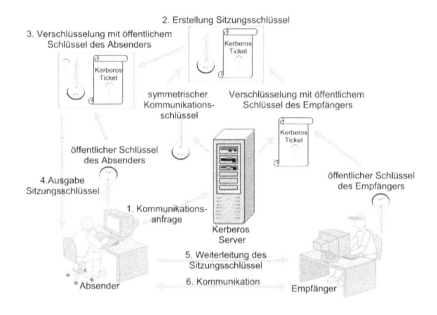

**Abbildung 5**: Public Key Infrastructure mit Kerberos Server

Der Kerberos Server ist eine physikalische Maschine, auf der der Kerberos Dienst aktiviert ist. Der Kerberos Server verteilt und verwaltet Sitzungsschlüssel. Für eine Kommunikation muss eine Kommunikationsanfrage an den Kerberos Server gesendet werden. Daraufhin erstellt der Kerberos Server einen Sitzungsschlüssel. Dieser Sitzungsschlüssel enthält einen vom Server symmetrisch erstellten Kommunikationsschlüssel und das Kerberos Ticket. Das Kerberos Ticket wird mit dem öffentlichen Schlüssel des Empfängers verschlüsselt, so dass es dem Absender nicht zugänglich ist. Der Sitzungsschlüssel selbst wird mit dem öffentlichen

---

[17] Vgl. Merhof 2003, (18.02.2005)

Schlüssel des Absenders verschlüsselt. Für eine erfolgreiche Kommunikation sendet der Absender den Sitzungsschlüssel an den Empfänger.[18]

Ein Sitzungsschlüssel ist immer nur für eine bestimmte Kommunikation gültig. Soll eine Verbindung zu einem anderen Empfänger oder Dienst aufgebaut werden, muss für die jeweilige Kommunikation ein weiterer Sitzungsschlüssel angefragt werden. Ein Sitzungsschlüssel ist nicht für immer gültig, sondern nur für einen bestimmten Zeitraum, in der Regel zehn Stunden. Der Kerberos Server muss über die höchsten Sicherheitsstandards verfügen, damit eine sichere und authentische Kommunikation gewährleistet wird.[19]

## 2.2 Authentifizierungsverfahren

Die Authentifizierung dient der eindeutigen Identifizierung aller Parteien. Ist dies nicht gegeben, können zum Beispiel Kunden Verträge oder Händler Zahlungseingänge abstreiten. Die Authentifizierung kann durch verschiedene Verfahren ausgeübt werden. Dies kann die persönliche Unterschrift, eine Persönliche Identifikationsnummer, kurz PIN, biometrische Verfahren oder eine Digitale Signatur sein.[20]

Biometrische Verfahren basieren auf Fingerabdrücken oder Abbildern der Iris. Bei diesem Verfahren werden bestimmte Merkmale eines Fingerabdrucks oder der Iris auf einer Chipkarte gespeichert. Diese dienen der eindeutigen Identifizierung des Inhabers. Obwohl biometrische Verfahren sicherer sind als zurzeit eingesetzte Authentifizierungsverfahren, dürfen diese gemäß Paragraph 16 Absatz 2 Satz 3 der Signaturverordnung nur zusätzlich verwendet werden. Das heißt, biometrische Verfahren können zum Beispiel die PIN nicht ersetzen. Aufgrund hoher Anschaffungskosten ist der Einsatz biometrischer Verfahren im B2C Bereich nicht rentabel, aus diesem Grunde wird auf dieses Verfahren nicht weiter eingegangen.[21]

---

[18] Vgl. Höft 2002, S. 17.
[19] Vgl. Wächter 1999, (18.02.2005)
[20] Vgl. Weber 2002, S. 12ff.
[21] Vgl. ebenda.

## 2.2.1 Digitale Signaturen

Aufgabe digitaler Signaturen ist die Authentifizierung des Absenders und seiner Nachricht. Sie gibt dem Empfänger die Sicherheit, dass die Nachricht wirklich vom rechtmäßigen Absender kommt und nicht manipuliert worden ist.[22]

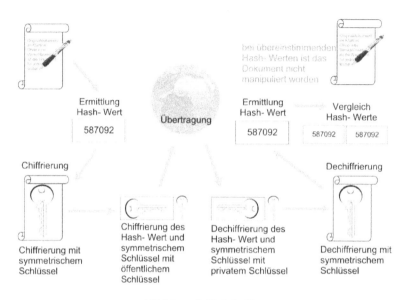

**Abbildung 6**: Digitale Signatur

Für digitale Signaturen eignen sich asymmetrische Verschlüsselungsverfahren, auch Public Key Verfahren genannt. Da die digitale Signatur mit dem Public Key Verfahren allerdings so groß wie die eigentliche Nachricht wäre, wird für die digitale Signatur der so genannte Hash-Algorithmus verwendet. Durch eine Berechnung wird ein so genannter Hash- Wert erzeugt. Dieser Hash- Wert besitzt die Eigenschaften, dass er

- relativ einfach berechnet werden kann,
- keinen Indiz auf die ursprüngliche Nachricht enthält
- und eine weitere Nachricht mit dem gleichen Hash- Wert nur mit sehr hohem Aufwand realisiert werden kann.

---

[22] Vgl. Krause 1999, S. 198.

Dieser Hash- Wert und die Nachricht werden mit dem privaten Schlüssel verschlüsselt und zusammen an den Empfänger versendet. Der Empfänger kann den Hash- Wert mit Hilfe des öffentlichen Schlüssels entschlüsseln. Um die Echtheit der Nachricht festzustellen, ermittelt der Empfänger ebenfalls einen Hash- Wert für die vorliegende Nachricht. Bei einer Übereinstimmung der beiden Hash- Werte ist die Echtheit der digitalen Signatur erwiesen. Sollten die beiden Hash- Werte nicht identisch sein, so ist die Nachricht manipuliert worden. In der Regel ist es unmöglich, dass eine Nachricht mit veränderten Daten den gleichen Hash-Wert hat wie die Originalnachricht. Theoretisch ist dies allerdings möglich, in dem Fall wird von einer Hash- Kollision gesprochen.[23]

### 2.2.2 Challenge Response

Challenge Response ist wie die digitale Signatur ein Verfahren zur Authentifizierung. Challenge Response basiert auf einer Anfrage, das so genannte Challenge, und einer korrekten Antwort, dem Response. Mit diesem Verfahren authentifiziert sich der Empfänger beim Absender.[24]

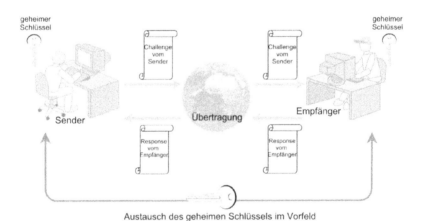

**Abbildung 7**: Challenge Response

---

[23] Vgl. Höft 2002, S. 14.
[24] Vgl. Beutelspacher/ Schwenk/ Wolfenstetter 2004, 26f.

Challenge Response kann den jeweiligen Sicherheitsanforderungen angepasst werden. Es kann auf einfache Benutzereingaben, wie einem Passwort, oder auf einer Kommunikation zwischen Rechnern basieren. Bei hohen Sicherheitsanforderungen sollten Verschlüsselungen und Algorithmen verwendet werden. Challenge Response wird unter anderem bei Chipkarten verwendet.[25]

### 2.2.3 Persönliche Identifikationsnummer - PIN

Die Persönliche Identifikationsnummer, kurz PIN, wird mit der entsprechenden Kundenkarte an den Kunden ausgegeben. In der Regel erfolgt die PIN- Eingabe nach dem Einstecken der entsprechenden Karte in ein Kartenlesegerät. Bereits bei der PIN- Eingabe wird vom Kartenlesegerät eine Verbindung zu einem entsprechenden Bankenrechner aufgebaut. Dieser Bankenrechner verschlüsselt die letzten vier Stellen der Bankleitzahl, die Kontonummer, die auf zehn Stellen aufgefüllt wird, und eine einstellige Kartenfolgenummer über das DES Verschlüsselungsverfahren. Für die Verschlüsselung wird ein geheimer Institutsschlüssel, der so genannte PIN- Key, verwendet. Aus dieser Verschlüsselung wird eine PIN gebildet, die mit der eingegebenen PIN verglichen wird. Nur wenn die beiden PINs identisch sind, erfolgt die Authentifizierung.[26]

### 2.3 Elektronische Zahlungssysteme mit Terminals

Jedes Sicherheitssystem ist nur so stark wie das schwächste Glied in der Kette. Aus diesem Grunde sollten die hohen Sicherheitsanforderungen der Hard- und Software im Bereich von elektronischen Zahlungssystemen beachtet werden. Dies beginnt mit den Kartenlesegeräten, die für einige elektronische Zahlungssysteme erforderlich sind:

- Klasse 1: Reines Kartenlesegerät, ohne Sicherheitsmechanismen.
- Klasse 2: Eine integrierte Tastatur verhindert das Ausspionieren der PIN über den Rechner.
- Klasse 3: Verfügt über eine Tastatur und ein Display, das ermöglicht die Überprüfung der Daten auf ihre Richtigkeit.
- Klasse 4: Verfügt neben einer Tastatur und einem Display über ein Sicherheitsmodul mit RSA- Funktion, welches eine digitale Signatur erstellt.

---

[25] Vgl. Datacom Buchverlag, (18.02.2005)
[26] Vgl. Weber 2002, S.14.

### 2.3.1 Electronic Cash

Beim Electronic Cash werden am häufigsten Magnetstreifenkarten wie EC- und Maestro-Karten verwendet. Diese Karten speichern die Kundeninformationen in einem Magnetstreifen auf der Rückseite der Karte. Die Kartenvorderseite enthält die wichtigsten Kunden- und Kartendaten wie den Namen des Karteninhabers, die Kontonummer, das Ablaufdatum der Karte und ein Logo der herausgebenden Bank. Zusätzlich befinden sich in der Regel noch die Logos von sämtlichen Benutzungsmöglichkeiten auf der Vorder- bzw. Rückseite der Karte. Der Unterschied zwischen EC- und Maestro-Karten besteht in der Herkunft der Karten. Maestro-Karten sind ausländische Karten, die das elektronische Bezahlen mit der Karte auch im Ausland ermöglich, während reine EC-Karten nur national genutzt werden können. Die meisten in Deutschland herausgegebenen Karten integrieren bereits beide Verfahren, demzufolge befinden sich auch beide Logos auf der entsprechenden Karte.

**Abbildung 8**: Electronic Cash, altes Logo[27]   **Abbildung 9**: Electronic Cash, neues Logo[28]

Für die Nutzung von Electronic Cash sind auf der Händlerseite ein Kartenlesegerät, ein entsprechender Netzanschluss und ein Quittungsdrucker erforderlich. In diesem Fall ist es gesetzlich vorgeschrieben, dass mindestens ein Kartenlesegerät Klasse 3 verwendet wird. Zum einen, um die sensiblen Kundendaten zu schützen und zum anderen, damit der Kunde die Richtigkeit des abzubuchenden Betrages überprüfen kann. Auf Seiten des Kunden ist keine zusätzliche Hard- oder Software nötig, da alle erforderlichen Maßnahmen vom Anbieter gestellt werden. Der Kunde benötigt lediglich seine EC- bzw. Maestro- Karte.[29]

Für die Freigabe eines Bezahlvorganges wird die Karte in das Händlerkartenlesegerät eingesetzt. Nach der PIN- Eingabe baut das Händlerkartenlesegerät eine Verbindung zur

---

[27] B+S Card Service, (18.02.2005)
[28] ebenda.
[29] Vgl. Bartsch/ Krieg, (06.02.2005)

Autorisierungszentrale der entsprechenden Bank auf, um die eingegebene PIN auf ihre Richtigkeit zu überprüfen. Nach erfolgreicher Autorisierung erfolgt die Abfrage des gewünschten Betrages. Dieser wird entweder bestätigt oder abgelehnt, falls das Limit der Kundenkarte erreicht, die Karte gesperrt oder gestohlen ist. In beiden Fällen erhält das Händlerkartenlesegerät eine Rückmeldung, die es an den Kunden und den Händler durch die Meldungen *Zahlung erfolgt* oder *Zahlung fehlgeschlagen* weitergibt. Im Fall einer Zahlungsbestätigung erfolgt anschließend der Ausdruck einer Quittung.[30]

**Abbildung 10**: MASTERCARD Logo[31]

Die laufenden Kosten beim Einsatz von Electronic Cash betragen auf Seiten des Händlers 0,3% des Umsatzes, mindestens jedoch 0,08 Euro. Bei Zahlungen über Maestro werden in der Regel 0,95% des Umsatzes berechnet. Auf Seiten des Kunden fällt in der Regel nur ein Jahresbeitrag für die Kartennutzung an. Die einzelnen Transaktionen sind für den Kunden nicht mit Zusatzkosten verbunden. Bei Zahlungen mit Electronic Cash bekommt der Händler eine Zahlungsgarantie seitens der herausgebenden Bank.[32]

**2.3.2 Point of Sale ohne Zahlungsgarantie - POZ**

Die Einführung von Electronic Cash ist auf Seiten des Händlers durch die direkte Autorisierung und Überprüfung der entsprechenden Bonität mit hohen Anschaffungskosten verbunden. Aus diesem Grunde hatte Electronic Cash anfangs einige Akzeptanzprobleme. Deshalb ist 1993 Point of Sale ohne Zahlungsgarantie eingeführt worden.[33]

Von Seiten des Kunden ähnelt die Bezahlung durch Point of Sale ohne Zahlungsgarantie stark dem Zahlvorgang von Electronic Cash. Die PIN- Eingabe wird lediglich durch die Abgabe einer Unterschrift ersetzt. Technisch gesehen ist der Zahlvorgang beim Point of Sale ohne

---

[30] Vgl. Bartsch/ Krieg, (06.02.2005)
[31] B+S Card Service, (18.02.2005)
[32] Vgl. Bartsch/ Krieg, (06.02.2005)
[33] Vgl. Lukas 1995, S. 28.

Zahlungsgarantie allerdings weniger aufwendig. Die Kundendaten werden über das Händlerkartenlesegerät von der entsprechenden Karte eingelesen und in einer Sperrdatei abgefragt. Durch die Abfrage der Sperrdatei kann sichergestellt werden, ob die Karte gesperrt, verloren oder gestohlen ist. Informationen über die derzeitige Bonität des Kunden gibt die Sperrdatei nicht heraus. Nach erfolgreicher Abfrage der Sperrdatei wird ein Beleg ausgedruckt, den der Kunde unterschreibt. Mit dieser Unterschrift berechtigt der Kunde den Händler, die Zahlung per Lastschrift einzuziehen. Da die Banken nur geringe Möglichkeiten haben, um die Bonität des Kunden zu überprüfen, übernehmen sie keine Zahlungsgarantie. Des Weiteren hat der Kunde die Möglichkeit, die bereits geleistete Zahlung wieder zurück rückgängig zu machen.[34]

**Abbildung 11**: Point of Sale ohne Zahlungsgarantie Logo[35]

Die Kosten des Händlers belaufen sich beim Point of Sale Verfahren ohne Zahlungsgarantie auf 0,05 Euro für die Abfrage der Sperrdatei. Die Abfrage der Sperrdatei ist allerdings erst ab einem Betrag von 30,68 Euro Pflicht. Aufgrund rückläufiger Zahlen bei der Nutzung dieses Verfahrens wird es zum 31.12.2006 eingestellt.[36]

### 2.3.3 Elektronisches Lastschriftverfahren

Neben dem Point of Sale ohne Zahlungsgarantie gibt es noch das elektronische Lastschriftverfahren. Für den Kunden ist der Ablauf dieses Verfahrens wie beim Point of Sale ohne Zahlungsgarantie. Für den Händler entfällt bei diesem Verfahren allerdings die Abfrage der Sperrdatei und somit auch die dadurch entstehenden Kosten. Das Händlerkartenlesegerät

---

[34] Vgl. Bartsch/ Krieg, (06.02.2005)

[35] B+S Card Service, (18.02.2005)

[36] Vgl. Zentraler Kreditausschuss Pressemitteilung 2004, (06.02.2005)

ermittelt lediglich Bankleitzahl und Kontonummer, danach wird eine Lastschrift mit Einzugsermächtigung erzeugt, die der Kunde unterschreibt.[37]

**Abbildung 12**: Elektronisches Lastschriftverfahren Logo[38]

Bei diesem Verfahren trägt der Händler das ganze Risiko. Dies scheint laut einigen Umfragen in der Vergangenheit aber immer noch geringer zu sein als die beim Electronic Cash verursachten Kosten. Einige Händler, vor allem größere Supermarktketten oder Versandhäuser, führen aufgrund des Risikos eigene Datenbanken, in denen Zahlungsmodalitäten der bisherigen Kunden geführt werden. So ist es möglich, wiederkehrende Kunden, die bereits negativ durch Rücklastschriften aufgefallen sind, zu erkennen. Die Banken haben bereits Versuche unternommen, diese eher unbeliebten Verfahren mit Gebühren zu belegen, um die Aufwandskosten, die zum Beispiel durch Adressanfragen der Händler bei Rückbuchung einer Lastschrift entstehen, zu decken. Dies hat das Bundeskartellamt allerdings abgelehnt. Bedingt durch die Zunahme von Missbrauchsfällen in den letzten Jahren ist allerdings auch beim elektronischen Lastschriftverfahren eine rückläufige Nutzung zu verbuchen.[39]

---

[37] Vgl. Bartsch/ Krieg, (06.02.2005)
[38] Quoka, (06.02.2005)
[39] Vgl. Bartsch/ Krieg, (06.02.2005)

**2.3.4 Geldkarte**

Die meisten bisher genannten elektronischen Zahlungssysteme verursachen hohe Kosten, so dass sich Zahlungen von Kleinbeträgen, so genannte Micropayments, für Händler nicht lohnen. Aus diesem Grunde ist 1996 die Geldkarte vom zentralen Kreditausschuss eingeführt worden. Mit der Geldkarte sind erstmals Zahlungen von Kleinbeträgen wirtschaftlich rentabel.[40]

Die Geldkarte verfügt über einen Mikroprozessor, der für die Zugriffsrechte und die Verschlüsselung auf Basis des Data Encryption Standard zuständig ist. Das Betriebssystem befindet sich im ROM und der RAM dient als Zwischenspeicher. Die Wertspeicherung erfolgt im EEPROM.[41]

**Abbildung 13**: Geldkarte Logo[42]

Die Geldkarte gibt es in zwei verschiedenen Ausführungen: zum einen als kontogebundene Geldkarte und zum anderen als kontoungebundene Geldkarte. Die kontogebundene Form der Geldkarte ist die bekannteste. Hierbei ist die Geldkarte mit einem Konto fest verankert, das heißt Geldbeträge können nur von diesem Konto auf die Geldkarte geladen werden. Bei der kontoungebundenen Geldkarte werden die Geldbeträge entweder bei der Bank oder an entsprechenden Einzahlungsautomaten auf die Geldkarte geladen. Um bei Verlust oder Diebstahl Rückschlüsse auf das vorhandene Guthaben der Karte ziehen zu können, werden so genannte Schattenkonten bei der Kartenevidenzzentrale geführt. Auf diesen Schattenkonten sind sämtliche Buchungen der Geldkarte vermerkt. Laut den Banken werden aber keine Informationen der gekauften Waren oder Dienstleistungen an die Kartenevidenzzentrale

---

[40] Vgl. Höft 2002, S. 40ff.
[41] Vgl. Weber 2002, S. 39.
[42] B+S Card Service, (18.02.2005)

übermittelt, so dass eine Teilanonymität des Karteninhabers gewährleistet werden kann. Die Geldkarte ist für Micropaymentzahlungen ausgelegt und kann mit einem Maximalbetrag von 200 Euro aufgeladen werden.[43]

Für die Akzeptanz von Geldkartenzahlungen ist auf Seiten des Händlers ein entsprechendes Händlerkartenlesegerät zu installieren und eine Händlerkarte muss beantragt werden. Die Händlerkarten gibt es in zwei verschiedenen Ausführungen: einmal die physische Händlerkarte und zum anderen die virtuelle Geldkarte. Der Unterschied zwischen beiden Karten besteht in der Integration. Während die physische Geldkarte direkt in ein Kartenlesegerät eingesetzt wird, erfolgt bei der virtuellen Geldkarte die Aktivierung über ein Download.[44]

### 2.3.4.1 Zahlungen im Handel

Die Zahlung mit der Geldkarte erfolgt ähnlich wie beim Electronic Cash über das Einsetzen der Karte in das Händlerkartenlesegerät. Dieses fungiert als Schnittstelle der beiden Karten, die sich gegenseitig über ein Challenge Response Verfahren als gültige Karten identifizieren. Allerdings wird für Transaktionen mit der Geldkarte keine PIN- Eingabe oder Unterschrift erforderlich. Der Kunde bestätigt den angezeigten Betrag und erteilt hiermit die Erlaubnis zur Abbuchung, die dabei in mehrstufigen verschlüsselten Transaktionen erfolgt.[45]

### 2.3.4.2 Zahlungen im Internet

Der Vorteil bei der Geldkarte ist, dass sich das Verfahren problemlos auf das Internet übertragen lässt. Auf Seiten des Händlers ist hierfür ein Händlerzertifikat erforderlich. Dieses kann der Händler bei einer Zertifizierungsstelle beantragen. Vor Ausstellung eines Händlerzertifikates werden die Händlerangaben auf ihre Richtigkeit überprüft, da sich der Händler mit diesem Zertifikat beim Kunden identifiziert. Der Kunde benötigt für Internettransaktionen mit der Geldkarte ein Kartenlesegerät und eine entsprechende Software. Auch wenn ein Klasse 3 Kartenlesegerät am sichersten erscheint, ist es fraglich, ob dies die erheblich höheren Anschaffungskosten im Gegensatz zu einem Klasse 1 Kartenlesegerät

---

[43] Vgl. Jacobsen 2002, S. 22.
[44] Vgl. Euro Kartensystem I, (06.02.2005)
[45] Vgl. Zentraler Kreditausschuss 2004, (06.02.2005)

rechtfertigt, wenn dem ein maximaler Verlust von 200,- Euro gegenübersteht. Allerdings bieten einige Banken ihren Kunden die Nutzung von Kartenlesegeräten auch kostenlos an.[46]

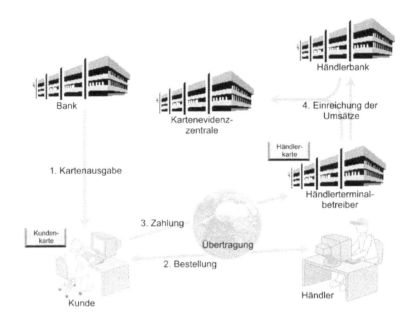

**Abbildung 14**: Geldkartenzahlung im Internet

### 2.3.4.3 Verbreitung

Seit ihrer Einführung erfreut sich die Geldkarte einer weiten Verbreitung in Deutschland. Dies hat sie nicht zuletzt den Banken und Sparkassen zu verdanken. Denn auf 70% aller in Deutschland ausgegebenen EC- beziehungsweise Maestro- Karten ist die Geldkarte integriert. In Zahlen ausgedrückt sind dies über 62 Millionen Geldkarten. Demnach verfügt statistisch gesehen jeder Haushalt über mindestens eine Geldkarte. Obwohl die Geldkarte weit verbreitet ist, wird relativ wenig Gebrauch davon gemacht: Nur 1% der Inhaber nutzen die Geldkarte. Dies kann unter anderem an fehlender Werbung und mangelnder Fürsprache liegen. Denn Möglichkeiten, um mit der Geldkarte zu bezahlen, gibt es vor allem bei Bahn- und Parkscheinautomaten, aber auch Fast Food Ketten wie Mc Donalds bieten neuerdings die

---

[46] Vgl. Jacobsen 2002, S. 22ff.

Bezahlung mit der Geldkarte an. Deutschlandweit sind es bereits 120.000 Automaten, die zur Zahlung mit der Geldkarte genutzt werden können.[47]

### 2.3.4.4 Kosten

Die steigende Anbieterzahl auf Seiten der Händler ist durch die geringen Kosten zu erklären. Zum einen entfallen die hohen Anschaffungskosten und zum anderen werden bei der Geldkarte 0,3% des Umsatzes, mindestens jedoch 0,01 Euro berechnet. Für die Kunden ist die Geldkarte kostenlos, da sie sich, wie vorher schon erwähnt, in den meisten Fällen direkt auf einer Bankkarte befindet. Lediglich die Anschaffungskosten für das Kartenlesegerät, für die Nutzung der Geldkarte im Internet, muss der Kunde selbst tragen. Da in naher Zukunft das Aufladen der Geldkarte ebenfalls über das Internet realisiert werden soll, dürfte die Bereitschaft zur Tätigung dieser Anschaffungskosten allerdings steigen.

### 2.3.5 Kreditkarte

Kreditkarten sind - wie EC- und Maestro-Karten - Magnetstreifenkarten, bei denen die Informationen auf der Rückseite in einem Magnetstreifen gespeichert werden. Bei Kreditkarten werden wie bei anderen Magnetstreifenkarten die wichtigsten Kunden- und Karteninformationen auf der Vorderseite vermerkt. Auf Wunsch kann bei Kreditkarten zusätzlich noch ein Foto des Karteninhabers auf der Vorderseite integriert werden, um die Sicherheit vor Diebstahl und Missbrauch zu erhöhen.[48]

**Abbildung 15**: VISA Logo[49]

**Abbildung 16**: MASTERCARD Logo[50]

Die bekanntesten und führenden Kreditkartengesellschaften sind VISA und MASTERCARD. Kreditkarten gibt es weltweit von unzähligen Anbietern in den unterschiedlichsten Ausführungen und nicht nur Banken bieten ihren Kunden zu den EC-, Maestro- und

---

[47] Vgl. Euro Kartensystem II, (07.02.2005)
[48] Vgl. Benninghaus 2002, S. 45.
[49] B+S Card Service, (18.02.2005)
[50] ebenda.

Kundenkarten eine Vielzahl von Kreditkarten an. Die häufigsten Ausführungen neben der herkömmlichen Kreditkarte sind die Silber und Gold VISA- bzw. Masterkarten. Diese Kreditkartenausführungen haben in der Regel höhere Jahresgebühren, dafür beinhalten sie je nach Anbieter verschiedene Versicherungen, wie zum Beispiel Auslandsreisekranken- oder Unfallversicherungen.[51]

**Abbildung 17**: VISA/ MASTERCARD Classic[52]

**Abbildung 18**: VISA/ MASTERCARD Gold[53]

### 2.3.5.1 Technische Voraussetzungen

Die meisten Kartenlesegeräte, die beim Electronic Cash zum Einsatz kommen, eignen sich auch für Kreditkartenzahlungen. Aus diesem Grunde empfiehlt es sich für Händler, die bereits Electronic Cash anbieten, auch Kreditkartenzahlungen zu akzeptieren. Das Handling der Kartenlesegeräte bei Kreditkartenzahlung ist identisch mit dem beim Electronic Cash. Lediglich die PIN- Eingabe wird durch die Unterschrift ersetzt. Bei der Ausgabe von Kreditkarten werden in der Regel ebenfalls PIN- Nummern vergeben, diese kommen allerdings nur bei Barauszahlungen an Bankautomaten zum Einsatz.

### 2.3.5.2 Kosten

Die Kosten bei Zahlungen per Kreditkarte sind auf Seiten der Händler mit 2- 4% vom Umsatz im Gegensatz zu anderen elektronischen Zahlungsverfahren relativ hoch. Aus diesem Grunde sind Kreditkartenzahlungen weniger gerne gesehen. Allerdings bietet die Kreditkartenzahlung gerade im Internet höhere Absatzchancen. Eine Umfrage von Pago E- Transaction Services kommt zu dem Ergebnis, dass bei Zahlungen mit der Kreditkarte im Internet durchschnittlich

---

[51] Vgl. ADAC, (18.02.2005)
[52] ebenda.
[53] ebenda.

für 97,- Euro eingekauft wird. Auf Platz zwei der elektronischen Zahlungsverfahren liegt mit einem durchschnittlichen Einkaufswert von 39,- Euro das Lastschriftverfahren.[54]

Wie schon erwähnt, fällt auf Seiten der Kunden in der Regel eine Jahresgebühr an. Diese ist abhängig von der gewählten Ausstattungsform der Kreditkarte. Herkömmliche Kreditkarten werden schon für eine Jahresgebühr von 10,- bis 20,- Euro herausgegeben, während Kunden für eine VISA- oder MASTERCARD Silber oder Gold bereits eine Jahresgebühr von 60,- bis 100,- Euro in Rechnung gestellt bekommen. Weitere Kosten entstehen auf Kundenseite durch Bargeldabhebungen an Bankautomaten, die Gebühren liegen in der Regel bei 4%, mindestens jedoch 5,- Euro. Je nach Herausgeber können diese Angaben variieren.

### 2.3.5.3 Authentifizierung

Händler haben bei Kreditkartenzahlungen die Wahl zwischen Online- oder Offlineverarbeitungen. Bei der Onlineverarbeitung wird ein Vertragsunternehmen, ein so genannter Acquirer eingeschaltet. Bezahlt ein Kunde mit einer Kreditkarte, werden die Daten direkt dem Acquirer übermittelt, wo sie geprüft und autorisiert werden. Nach erfolgreicher Autorisierung erfolgt ein Quittungsausdruck, den der Kunde unterschreibt. Die Übermittlung der Kundendaten zu dem Acquirer kann auch über einen zwischengeschalteten Netzbetreiber realisiert werden. Dabei ist allerdings zu beachten, dass ein Serverausfall auf Seiten des Netzbetreibers zur Folge hat, dass keine weiteren elektronischen Zahlungen durchgeführt werden können. Bei einer direkten Verbindung zu dem Acquirer hingegen kann bei einem Ausfall immer noch mit einer anderen Karte, zum Beispiel einer EC-Karte, bezahlt werden.[55]

Nicht überall kann die Onlineverarbeitung von Kreditkartenzahlungen eingesetzt werden. Damit zum Beispiel Taxiunternehmen auf die Überprüfung der Kundendaten bei Kreditkartenzahlungen nicht verzichten müssen, gibt es die Offlineverarbeitung. Dabei werden die aktuellen Sperrlisten direkt in die Kartenlesegeräte geladen. Erst nach erfolgreicher Überprüfung der Kundendaten durch die Sperrliste wird die Zahlung akzeptiert. Da Sperrlisten nicht die Aktualität und dementsprechend die Sicherheit bieten wie der Acquirer bei einer vergleichbaren Onlineverarbeitung, werden so genannte Floorlimits eingerichtet. Ein Floorlimit ist die Höchstgrenze, bis zu der keine Onlineautorisierung der

---

[54] Vgl. Fryba 2005, (18.02.2005)
[55] Vgl. Lukas 1995, S. 32ff.

Kundendaten erfolgen muss. Floorlimits können individuell nach Händlerwunsch angepasst werden. Bei einem Taxifahrer kann das Floorlimit zum Beispiel 50,- Euro betragen. Dies würde bedeuten, dass der Taxifahrer Zahlungen mit der Kreditkarte bis 50,- Euro annehmen kann und die Zahlungen von der Kreditkartengesellschaft garantiert werden. Für Zahlungen über 50,- Euro muss der Taxifahrer über Funk erst eine Genehmigungsnummer bei der jeweiligen Abrechnungsstelle einholen, ohne diese kann er die Zahlung nicht entgegennehmen.[56]

## 2.4 Elektronische Zahlungssysteme im Internet

Electronic Commerce beschränkt sich mittlerweile nicht mehr nur auf nationale Ebene, sondern findet täglich weltweit statt. Aus diesem Grunde ist es für elektronische Zahlungssysteme wichtig, ebenfalls weltweite Anbindung zu finden. Diese Akzeptanz besitzt momentan im Internet allerdings nur die Kreditkarte.[57]

Warum hat die Kreditkarte die weltweite Akzeptanz im Internet geschafft und andere Zahlungssysteme nicht? Wichtig bei Zahlungen im Internet ist die Währungsunabhängigkeit. Das heißt, unabhängig von der Währung muss der Zahlungsbetrag direkt und automatisch in die entsprechende Währung des Kunden umgerechnet werden. Des Weiteren sollte die Verwendung eines elektronischen Zahlungssystems im Internet so leicht sein wie das Versenden einer E-Mail. Beide Kriterien erfüllt die Kreditkarte bei Zahlungen im Internet.[58]

### 2.4.1 Kreditkarte

Wie oben schon erwähnt, ist die Kreditkarte das häufigste Zahlungsmittel im Internet. Für eine Zahlung im Internet ist der Kunde nicht gezwungen, eine Software auf seinem Rechner zu installieren oder sich bei einem Händler zu registrieren. Die Kreditkartendaten wie Kartennummer, Ablaufdatum, Kreditkartentyp, zum Beispiel VISA oder MASTERCARD, und der Name des Karteninhabers können direkt via Internet an den Händler übermittelt werden. Bei der Übermittlung sind die sensiblen Daten der Spionage oder unsachgemäßem Gebrauch ausgesetzt. Um dies zu verhindern, werden zwei verschiedene Verfahren eingesetzt:

---

[56] Vgl. Lukas 1995, S. 33ff.
[57] Vgl. Merz 1999, S. 181.
[58] Vgl. Amor 2000, S. 644ff.

zum einen das weit verbreitete Secure Socket Layer, kurz SSL, und zum anderen das weniger verbreitete und aufwendigere Secure Elektronic Transactions, kurz SET.

### 2.4.1.1 Secure Socket Layer - SSL

SSL ist ein Verschlüsselungsverfahren, welches 1996 von Netscape entwickelt wurde und zurzeit in der Version 3 verfügbar ist. Es ist weltweit gestestet und mit einer 128 Bit Verschlüsselungstiefe als sicher eingestuft. Empfohlen wird mittlerweile allerdings die 1024 Bit RSA Verschlüsselung. Eine SSL Verbindung ist am Namen des Weblinks erkennbar: Während Internetadressen mit einem vorangestellten http:// zu identifizieren sind, wird bei einer SSL Verbindung ein https:// vorangestellt. Zusätzlich integrieren einige Browser noch ein Symbol unten rechts in die Statusleiste. Dieses Symbol kann zum Beispiel ein Vorhängeschloss wie beim Microsoft Internet Explorer oder ein Schlüssel wie beim Netscape Navigator sein. Kunden benötigen für die Nutzung von SSL keine separate Software auf ihrem Rechner, da SSL von allen gängigen Browsern unterstützt wird.[59]

### 2.4.1.1.1 Technische Voraussetzungen und Kosten

SSL arbeitet mit Zertifikaten. Auf Seiten des Kunden werden diese bereits bei der Browserinstallation mitinstalliert. Händler erhalten die Zertifikate nach erfolgreicher Registrierung mit ihren Händlerdaten bei einer Zertifizierungsstelle. Händlerzertifikate sind nur begrenzt gültig, so dass ein Händler seine Zertifikate regelmäßig auf seinem Webserver aktualisieren muss. In der Regel werden Händlerzertifikate mit einer Gültigkeit von ein bis drei Jahren ausgestellt. Der Kostenaufwand liegt je nach Anforderung zwischen 10,- und 400,- Euro pro Zertifikat. Ein Zertifikat ist für eine Webdomain und einen Server gültig. Besitzt ein Händler zusätzlich zu der Webdomain mehrere Sub- Domains, ist es für ihn sinnvoll, zu dem normalen Zertifikat noch eine so genannte Wildcard zu erwerben. Mit dieser Wildcard werden alle Sub- Domains der Webdomain abgedeckt. Wildcard- Zertifikate werden ebenfalls auf die Dauer von ein bis drei Jahren ausgestellt und kosten zwischen 200,- und 1.400,- Euro. Befinden sich mehrere Webserver im Einsatz, muss der Händler für jeden weiteren Server eine Gebühr bezahlen. Diese ist abhängig von dem Anforderungspaket, welches er bei der Registrierung gewählt hat, und kann pro Server zwischen 10,- Euro und der vollen Gebühr für ein Zertifikat liegen.[60]

---

[59] Vgl. Bundesministerium für Arbeit 2003, (10.02.2005)
[60] Vgl. PSW Group, (10.02.2005)

**2.4.1.1.2  Kommunikation**

Nach erfolgreicher Installation des Zertifikats ist der Händlerserver in der Lage, sich über SSL beim Kundenrechner zu authentifizieren. Nach erfolgreicher Authentifizierung tauschen der Händlerserver und der Kundenrechner einen asymmetrischen Sitzungsschlüssel aus. Weil Kundenrechnern oftmals nur begrenzte Rechenleistungen zur Verfügung stehen, wird der Sitzungsschlüssel symmetrisch verschlüsselt. Mit dem Sitzungsschlüssel können Händlerserver und Kundenrechner eine sichere SSL Verbindung aufbauen. SSL Verbindungen nutzen den Port 443 und nicht den Port 80. Der Portwechsel wird von den Kunden nicht registriert, da die Verarbeitung durch den Browser erfolgt.[61]

Um Zahlungen mit der Kreditkarte akzeptieren zu können, benötigt der Händler einen Vertrag mit einer Kreditkartengesellschaft. Für diesen Vertrag bewirbt er sich bei einer Kreditkartengesellschaft als Akzeptanzstelle für Kreditkarten mit seinen Firmendaten. Wenn der Antrag von der entsprechenden Kreditkartengesellschaft genehmigt wird, erhält der Händler eine Händler- bzw. Vertragsunternehmernummer. Diese dient zur Identifizierung des Händlers bei der jeweiligen Kreditkartengesellschaft.[62]

**2.4.1.1.3  Authentifizierung**

Der Händler hat die Wahl zwischen zwei verschiedenen Verarbeitungsmethoden der Kundendaten. Zum einen kann er die Kundendaten auf seinem Server zwischenspeichern und manuell an die Kreditkartengesellschaft faxen, wo die Daten dann ebenfalls manuell weiterverarbeitet werden. Diese Vorgehensweise ist Kosten sparend, dafür aber personal- und zeitaufwendig. Gleichzeitig erhöht sich das Risiko eines Angriffs aus dem Internet auf den Händlerserver. Sicherer und schneller erfolgt die Abwicklung bei Kreditkartenzahlungen mit der Einbindung eines Acquirers. Dieser überprüft die eingegebenen Kundendaten auf ihre Plausibilität und gibt dem Händler eine Statusmeldung über die ausgeführte Transaktion. Zusätzlich bietet ein Acquirer die Nutzung einer direkten Onlineprüfung der Kundendaten. Hierbei werden die Kundendaten auf ihre Richtigkeit überprüft. Da die Onlineüberprüfung hohe Kosten verursacht, lohnt sie sich erst ab einem bestimmten Betrag. Aus diesem Grunde wird die Onlineüberprüfung von vielen Händlern nicht genutzt.[63]

---

[61] Vgl. Krause 1999, S. 202.
[62] Vgl. Forschungsinstitute für Telekommunikation 1999, (11.02.205)
[63] Vgl. Benninghaus 2002, S. 47ff.

Wie wichtig die Überprüfung der Kreditkartendaten des Kunden ist, zeigt die Studie der Pago E- Transaction Services GmbH, denn sie kommt zu dem Ergebnis, dass jede fünfte Kreditkartenzahlung fehlschlägt. Hauptgrund ist die Ablehnung der Kreditkartenzahlung durch das jeweilige Autorisierungssystem. Hierbei muss es sich nicht zwangsläufig um ein Bonitätsproblem beim Kunden handeln. Oft werden vom Kunden böswillig oder aus Versehen Falscheingaben getätigt, welche ebenfalls zu einer Ablehnung der Kreditkartenzahlung führen.[64]

SSL ist, wie am Anfang schon erwähnt, kein Zahlungsverfahren, sondern ein sicheres Transportverfahren, welches auf Authentifizierungs- und Verschlüsselungstechnologien von RSA aufsetzt. Um die Sicherheit der Daten bereits bei der Eingabe zu gewährleisten, sollte das Eingabeformular ebenfalls über SSL gesichert werden und nicht nur die Übertragung zum Händlerserver. Auf dem Händlerserver selbst sind ebenfalls weitere Backgroundlösungen erforderlich, um die Daten vor Missbrauch oder Manipulation zu schützen.[65]

### 2.4.1.2 Secure Electronic Transaction - SET

SET ist ein offener Standard für sichere Kreditkartenzahlungen im Internet. Es ist aus den beiden Verfahren Secure Transaction Technology, kurz SST, von VISA und Secure Electronic Payment Protocol, kurz SEPP, von MASTERCARD 1996 hervorgegangen. Die Entwicklung von SET ist unter anderem durch Microsoft, Netscape, IBM und RSA unterstützt worden. 1997 ist die Firma SETCo von VISA und MASTERCARD gegründet und mit der Trägerschaft für SET beauftragt worden.[66]

Eine weitere Form von SET soll mit der Version von SET 3D, dem Three Domain Model, realisiert werden. Dieses dient als weiterer Anreiz für Händler, SET einzusetzen, da bei diesem Verfahren der Händler auch eine Zahlungsgarantie erhält, wenn der Kunde seine Kreditkartendaten über SSL überträgt.[67]

SET gewährleistet nicht nur teilweise anonyme Datenströme, sondern auch die Identifikation der entsprechenden Beteiligten. Die Transaktionsdaten werden bei SET in Bestell- und

[64] Vgl. Fryba 2005, (18.02.2005)
[65] Vgl. Best/ Köhler 2000, S. 71f.
[66] Vgl. Weber 2002, S. 27.
[67] Vgl. Höft 2002, S. 28ff.

Zahlungsdaten unterteilt. Die Daten werden getrennt über SSL verschlüsselt und danach zusammen an den Händler übertragen. Der Händler bekommt nur Einsicht in die für ihn relevanten Bestelldaten. Die Zahlungsdaten übermittelt der Händler an seine Bank.[68]

### 2.4.1.2.1 Technische Voraussetzungen und Registrierung

SET setzt Zertifizierungen und entsprechende Softwareinstallationen bei allen Beteiligten voraus. Des Weiteren werden auf Seiten des Händlers und der Bank entsprechende SSL Zertifikate benötigt, da die Daten über SSL übertragen werden. SET ist ähnlich wie SSL kein eigenständiges Zahlungsverfahren, sondern ein Transportverfahren. Aufgrund der Komplexität konnte sich SET bis jetzt nicht durchsetzen. Wie komplex SET ist, kann am besten an den einzelnen Registrierungsprozessen der einzelnen Beteiligten nachvollzogen werden.[69]

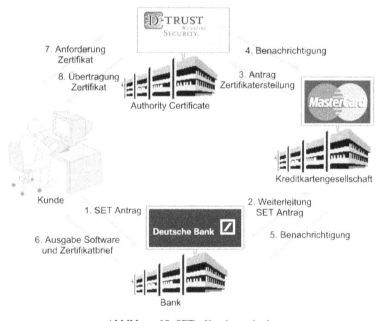

**Abbildung 19**: SET - Kundenregistrierung

---

[68] Vgl. Benninghaus 2002, S. 48ff.
[69] Vgl. ebenda.

Der Besitz einer Kreditkarte sagt im Normalfall nur sehr wenig über die Bonität und Zahlungsmoral eines Kunden aus. Aus diesem Grunde wird bei SET gerade auf die Registrierung des Kunden sehr viel Wert gelegt. Aus Sicht des Kunden ist die Autorisierung unkompliziert. Sie beginnt mit der Einreichung des SET Antrages bei der Bank und endet mit der Installation der erhaltenen Software und Aktivierung des Zertifikates. Die erforderlichen Zwischenschritte werden von der Bank ausgeführt. Sie beginnen mit der Weiterleitung des Antrages an die entsprechende Kreditkartengesellschaft zur Überprüfung der Kundendaten. Bei einer erfolgreichen Autorisierung veranlasst die Kreditkartengesellschaft die Erstellung eines Zertifikates bei einer Authority Certificate. Die Authority Certificate wiederum informiert die Kreditkartengesellschaft nach Fertigstellung des Zertifikates. Diese Information leitet die Kreditkartengesellschaft an die Bank weiter, die daraufhin dem Kunden die entsprechende Software oder den entsprechenden Link zum kostenlosen Download aus dem Internet und den Zertifikatsbrief übersendet. Nach Installation der Software kann der Kunde das Zertifikat installieren und aktivieren. Die Software speichert die notwendigen öffentlichen Schlüssel, Kreditkartendaten und Zertifikate. Falls ein Kunde SET für verschiedene Kreditkarten nutzt muss für jeden Kreditkartentyp ein SET Antrag eingereicht werden.[70]

Der Registrierungsprozess für den Händler ist ähnlich wie beim Kunden, allerdings nicht ganz so aufwendig. Da der Händler bereits einen bestehenden Vertrag mit einer Kreditkartengesellschaft eingegangen ist, um die Zahlungen mit der entsprechenden Kreditkarte akzeptieren zu können, kann auf den Initialisierungsprozess verzichtet werden. Des Weiteren kann der Händler den SET Antrag direkt zu der entsprechenden Kreditkartengesellschaft senden und muss nicht wie der Kunde die Bank zwischenschalten. Zum Abschluss des Antrages integriert der Händler sein Zertifikat in seine bereits vorhandene Software.[71]

Sobald der Händler ein SET Zertifikat besitzt, ist er als vertrauenswürdige Akzeptanzstelle zugelassen und kann sich mit seinem Zertifikat als diese identifizieren. Wenn ein Kunde einen Bestellvorgang einleitet, wird das Händlerzertifikat an den Kunden übertragen. Durch diesen

---

[70] Vgl. Zaag 2000, (12.02.2005)
[71] Vgl. Krause 1999, S. 205.

Prozess können sämtliche Kreditkartendaten nur noch über gesicherte Stellen übertragen werden.[72]

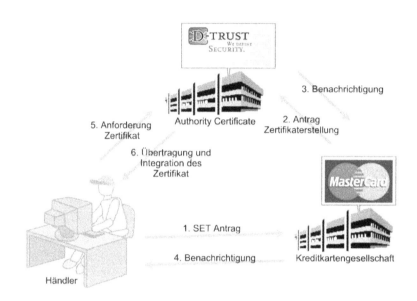

**Abbildung 20**: SET - Händlerregistrierung

### 2.4.1.2.2 Kommunikation

Mit der Bestellung und der Wahl der Kreditkartenzahlung über SET startet automatisch die Software auf dem Kundenrechner. Durch die Eingabe seiner Autorisierungsdaten kann der Kunde die Rechnung einsehen und prüfen. Durch die Anwahl der entsprechenden Kreditkarte wird der Autorisierungsprozess ausgelöst.[73]

Der Kunde kann die Identität des Herstellers durch dessen Zertifikat prüfen und anschließend die Transaktionsdaten an den Händler übersenden. Die Daten werden vor der Übermittlung auf dem Kundenrechner getrennt verschlüsselt. SET verwendet für die Verschlüsselung unter anderem das RSA Verfahren und ermittelt einen entsprechenden Hash- Wert. Dieser wird

---

[72] Vgl. Krause 1999, S. 206.
[73] Vgl. Lepschies 2000, S. 118f.

zusammen mit den Transaktionsdaten und der elektronischen Signatur ebenfalls verschlüsselt an den Händler übertragen. [74]

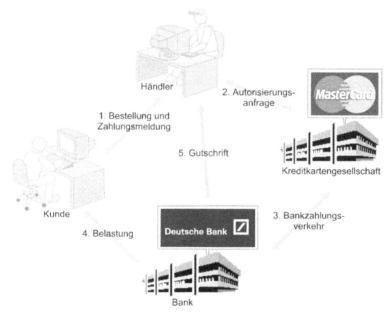

**Abbildung 21**: SET - Bestellabwicklung

Der Händler seinerseits prüft als erstes das Kundenzertifikat und die damit verbundene Identität des Kunden. Anschließend erstellt er seinerseits einen Hash- Wert von den Transaktionsdaten und sendet seine und die übertragenen Daten an das SET Payment Gateway. Das SET Payment Gateway vergleicht die Transaktionsdaten des Kunden mit den Daten des Händlers sowie beide Identitäten. Bei erfolgreicher Überprüfung erfolgt eine Weiterleitung der Zahlungsdaten des Kunden an entsprechende Autorisierungsstellen, wo die Bonität des Kunden überprüft wird. Bei erfolgreicher Bonitätsprüfung werden Händler und Kunde über die erfolgreiche Transaktion informiert und der Händler kann den Versand der Ware veranlassen. Bei einer Ablehnung des Kunden erhält dieser ebenfalls Informationen über den Grund der Ablehnung. [75]

---

[74] Vgl. Lepschies 2000, S. 118f.
[75] Vgl. ebenda.

#### 2.4.1.2.3 Authentifizierung

Bei SET stehen dem Händler ebenfalls zwei verschiedene Autorisierungsverfahren zur Verfügung. Die Überprüfung der Kundendaten erfolgt in der Regel durch einen Acquirer. Dieser kann zum einen nur eingesetzt werden, um die entsprechende Autorisierung der Kreditkartendaten einzuholen. Bei dieser Methode findet die eigentliche Geldtransaktion erst später statt (je nachdem, wie es vom Händler gewünscht ist: täglich, wöchentlich, monatlich oder in selbst definierten Intervallen). Zum anderen kann der Acquirer direkt nach der Autorisierung den Transaktionsbetrag dem Händlerkonto gutschreiben.[76]

Bei SET ist weiterhin zu beachten, dass im Gegensatz zu SSL, wo ein Zertifikat für den Händler benötigt wird, bis zu vier Zertifikate zum Einsatz kommen können. Als erstes benötigt der Händler ein Zertifikat für die öffentlichen Schlüssel von SSL sowie ein SET Zertifikat zur Identifizierung. In einigen Fällen erfordert auch die Software des Händlers ein separates Zertifikat. Zum Schluss muss der Kunde selbst noch ein Zertifikat besitzen, um Zahlungen mit SET zu tätigen. Wie weiter vorne schon erwähnt, konnte sich SET bis jetzt nicht am Markt behaupten.

#### 2.4.2 Lastschriftverfahren

Das Anbieten von lastschriftbasierten Lösungen ist auf Seiten des Händlers sehr risikobehaftet. Eines der größten Risiken des Händlers ist ein Rückholauftrag der Lastschrift seitens des Kunden oder die Nichtausführung von Lastschrifteinzügen seitens der Bank wegen mangelnder Bonität des Kunden. In beiden Fällen werden die entstehenden Kosten an den Händler weitergegeben. Zu der offenen Rechnung und den von der Bank in Rechnung gestellten Bearbeitungsgebühren kommen für den Händler weitere Kosten durch die Bearbeitung des Zahlungsausfalls hinzu, da der Kunde identifiziert und entsprechend angemahnt werden muss. In der Regel geben Händler die anfallenden Kosten an den Kunden weiter. Allerdings ist mit der Anmahnung eines Kunden die Zahlung für den Händler noch nicht gesichert. Falls sich herausstellt, dass der Kunde zahlungsunfähig ist, muss der Händler die entstandenen Kosten tragen. „Die Hermes-Inkassogesellschaft Delcreda Finanz Service GmbH hat errechnet, dass für die Betreibung einer ausgefallenen Zahlung von 50,- Euro Personal-, Sach- und Zinskosten im Wert von 450 Euro entstehen können. Sollte sich dann

---

[76] Vgl. Merz 1999, S. 176.

herausstellen, dass der Schuldner zahlungsunfähig ist, bleibt das Unternehmen also auf einer Forderung sitzen, die 900% höher ist als die ursprünglich erbrachte Leistung."[77]

Ein weiteres Problem bei lastschriftbasierten Zahlungssystemen im Internet stellt die rechtliche Seite dar. Erteilt der Kunde dem Händler eine Einzugsermächtigung, werden in der Regel lediglich die notwendigen Kontoinformationen via Internet übermittelt. Für eine rechtsgültige Einzugsermächtigung ist allerdings ein schriftlicher Beleg mit der Unterschrift des Kunden erforderlich, der dem Händler bei dieser Form der Abwicklung fehlt. Daher verstößt dieses Verfahren gegen das Lastschriftabkommen der Verbände der deutschen Kreditwirtschaft, was von den Banken derzeit ignoriert wird. Für den Händler bedeutet das ein noch höheres Risiko als zuvor.[78]

### 2.4.2.1 Virtuelle Terminals

Als virtuelle Terminals werden jene Zahlungssysteme im Internet bezeichnet, die nicht direkt mit einem Online Shop verbunden sind. Dies bedeutet, dass der Händler separat für die Übermittlung und Speicherung der sensiblen Kundendaten sorgen muss. Die Übermittlung der Kundendaten erfolgt in der Regel über eine sichere SSL Verbindung. Nach Erhalt der Kundendaten wird eine Plausibilitätsprüfung durchgeführt. Das heißt, es wird überprüft, ob die angegebene Bankleitzahl richtig ist und ob die aufgeführte Kontonummer in das Kontonummernsystem der entsprechenden Bankleitzahl passt. Durch die Plausibilitätsprüfung können zum Beispiel unbeabsichtigte oder beabsichtigte Falscheingaben erkannt und abgelehnt werden. Denn erst nach erfolgreicher Prüfung der Kundendaten erfolgt ein Abschluss der Transaktion.[79]

Wie bereits erwähnt liegt das Lastschriftverfahren laut der Studie von Pago E- Transaction Services GmbH auf Platz 2 der meistgenutzten elektronischen Zahlungssysteme im Internet. Dies lässt sich nicht nur mit der leichten Handhabung begründen, sondern auch durch die Tatsache, dass fast jeder über ein Girokonto verfügt. Der Vorteil von Lastschriftverfahren im Internet ist, wie bei herkömmlichen Lastschriftverfahren, der Kostenfaktor auf Seiten der Händler, da die Kosten für Lastschriftverfahren um einiges geringer sind als vergleichbare Kreditkartenzahlungen. Um die Risiken auf Seiten der Händler zu minimieren, werden immer

---

[77] Höft 2002 S. 24.
[78] Vgl. Benninghaus 2002, S. 48ff.
[79] Vgl. Sparkasse Köln I, (10.12.2004)

häufiger Sperrlisten in die Überprüfung der Kundendaten einbezogen. Des Weiteren richten einige Händler ihren Kunden individuelle Umsatzlimits ein, um das Risiko eines Zahlungsausfalls zu verringern.[80]

### 2.4.2.2 Automatisierte Anwendungen

Im Gegensatz zu virtuellen Terminals sind automatisierte Anwendungen modular aufgebaute Zahlungssysteme, die direkt in Shops integriert werden. Automatisierte Anwendungen bestehen in der Regel aus einem Basismodul, welches durch Zusatzmodule erweitert werden kann. So bieten automatisierte Anwendungen die individuelle Anpassung an Händlerwünsche und die Einbindung verschiedener Zahlungssysteme.

Bei automatisierten Anwendungen ist es für den Händler wichtig sinnvolle Zusatzmodule zu wählen. Bei der Dateneingabe kann es auf Kundenseite schnell zu Falscheingaben durch eventuelle Tippfehler kommen. Diese verursachen beim Händler in der Regel hohe Kosten. Das beste Beispiel hierfür sind falsche Straßen- oder Postleitzahlenangaben, die oft teure Retouren der Warensendungen verursachen. Um diesen Kosten entgegenzuwirken, kann der Händler das Zusatzmodul der Adressverifizierung in sein Basismodul einbinden. Die eingegebenen Kundendaten werden mit den Daten der deutschen Post verglichen, so dass die Existenz der Adresse sichergestellt wird. Ein weiteres sinnvolles Zusatzmodul ist die Bonitätsprüfung. Diese greift auf die Datenbanken der Schufa oder Creditreform zu und überprüft die Identität des Kunden. Des Weiteren berücksichtigt die Bonitätsprüfung Negativeinträge. Allerdings gibt die Bonitätsprüfung keine Auskunft über die derzeitige Kontosituation oder andere Aktivitäten des Kunden, die einer erfolgreichen Transaktion im Wege stehen können. Durch die Einbindung entsprechender Zusatzmodule erhöht der Händler seine Sicherheit.[81]

Die Datenübertragung bei automatisierten Anwendungen erfolgt in der Regel über eine sichere SSL Verbindung. Allerdings wird auch bei automatisierten Anwendungen für ein Lastschriftverfahren keine Garantie seitens der Bank übernommen.

---

[80] Vgl. Computop, (12.02.2005)
[81] Vgl. Sparkasse Köln II, (10.12.2004)

# 3 Rechtlicher Rahmen

Es ist egal, wie und wo eine Zahlung erfolgt, sie stellt in jedem Fall eine Willenserklärung beider Seiten dar. Zu Abweichungen kommt es erst, wenn der Betrag nicht stimmt oder Dritte die Ausführung tätigen. Aus diesem Grunde ist es wichtig, dass der Kunde bei Verwendung elektronischer Zahlungssysteme die Möglichkeit hat, die Daten vor der Bestätigung zu überprüfen. Des Weiteren müssen sich Händler und Kunde gegenseitig identifizieren können.

## 3.1 Elektronische Signatur

Paragraph 126 Absatz 1 des Bürgerlichen Gesetzbuches besagt, dass ein Dokument eigenhändig unterschrieben sein muss. Dies umfasst die folgenden vier Funktionen:

- Echtheitsfunktion
- Abschlussfunktion
- Identitätsfunktion
- Warnfunktion

Ist dies im Falle einer digitalen Signatur wirklich gewährleistet? Die digitale Signatur muss im Rahmen der Echtheitsfunktion sicherstellen, dass nur das signiert wird, was auf dem Monitor zu sehen ist. Mit entsprechender Software, zum Beispiel dem so genannten Viewer bei der digitalen Signatur, ist dies sogar fälschungssicher. Die Abschlussfunktion wird mit der Erstellung des Hash- Wertes erreicht, da eine nachträgliche Manipulation hiermit erkannt wird. Die Identitätsfunktion wird bei digitalen Signaturen nur bei geheimen Schlüsseln gewährleistet. Sobald ein Schlüssel gestohlen wird, ist die Identität nicht mehr eindeutig feststellbar. Die Warnfunktion soll sicherstellen, dass mit der Unterschrift eine Aktion veranlasst wird. Im Falle von elektronischen Signaturen kann die Bestätigung auch durch Dritte, zum Beispiel durch Viren, ausgeführt werden.[82]

Damit in allen Ländern der Europäischen Union gleiche Rahmenbedingungen in Bezug auf die digitale Signatur gelten, ist am 13.12.1999 die Richtlinie 1999/93/EG vom europäischen Parlament und Rat verabschiedet worden. Aufgrund dieser Richtlinie ist das deutsche Signaturgesetz vom 01.08.1997 überarbeitet und an die Richtlinie angepasst worden. Seit dem

---

[82] Vgl. Höft 2002, S. 14f.

22.05.2001 ist das neue Signaturgesetz in Deutschland in Kraft getreten und wird durch die Signaturverordnung vom 24.01.2001 ergänzt. Das Signaturgesetz unterscheidet, wie von der europäischen Richtlinie gewünscht, drei verschiedene Klassen der elektronischen Signatur:

- Elektronische Signatur
- Fortgeschrittene elektronische Signatur
- Qualifizierte elektronische Signatur[83]

### 3.1.1 Herkömmliche elektronische Signatur

Die elektronische Signatur besitzt die geringsten Anforderungen und damit auch die geringste Authentifizierbarkeit. In Paragraph 2 Nummer 1 des Signaturgesetzes werden die Daten, die einem elektronischen Dokument hinzugefügt werden und der Authentifizierung dienen, als elektronische Signatur bezeichnet. In der Regel sind dies der Name und die Unterschrift.[84]

### 3.1.2 Fortgeschrittene elektronische Signatur

Als fortgeschrittene elektronische Signatur wird laut Paragraph 2 Nummer 2 des Signaturgesetzes die Signatur bezeichnet, die ihrem Inhaber für die Authentifizierung eindeutig zugeordnet werden kann. Des Weiteren ist es bei der fortgeschrittenen elektronischen Signatur erforderlich, dass die Signatur mit den Daten im Hauptdokument verknüpft ist. Nur so können nachträgliche Veränderungen in einem Dokument erkannt werden. Der dritte Punkt, der bei einer fortgeschrittenen elektronischen Signatur erfüllt sein muss, ist die Erstellung und Verwaltung durch den Inhaber. Durch entsprechende Zertifizierungsdienste können die Signaturen dem Inhaber zugeordnet werden.[85]

### 3.1.3 Qualifizierte elektronische Signatur

Die qualifizierte elektronische Signatur muss wie die fortgeschrittene ihrem Inhaber zugeordnet werden können und mit den Daten im Hauptdokument verknüpft sein, damit eine nachträgliche Veränderung erkennbar ist. Im Gegensatz zur fortgeschrittenen elektronischen Signatur wird die qualifizierte elektronische Signatur nicht von ihrem Inhaber erstellt, sondern von entsprechenden Zertifizierungsdiensten. Diese übernehmen auch die Verwaltung der qualifizierten Signaturen sowie die Haftung für falsch ausgestellte qualifizierte elektronische

---

[83] Vgl. Geis 2004, S. 18ff.
[84] Vgl. ebenda.
[85] Vgl. ebenda.

Signaturen. Um eine qualifizierte elektronische Signatur zu erhalten, muss ein Antrag gestellt werden. Zur Authentifizierung dient hierbei der Personalausweis. Zusätzliche Sicherheit wird durch die Ausgabe der qualifizierten elektronischen Signatur auf einer Chipkarte erreicht. Allerdings darf diese weder auslesbar noch kopierbar sein. Die Aktivierung der qualifizierten elektronischen Signatur erfolgt nur durch die richtige Passworteingabe. Durch diese Sicherheitsmaßnahmen erreicht die qualifizierte elektronische Signatur die höchste Sicherheitsstufe und Authentifizierbarkeit.[86]

### 3.1.4 Beweiskraft von elektronischen Signaturen

Für die Beweiskraft bei elektronischen Signaturen sind zwei Merkmale wichtig. Das erste Merkmal ist die Authentizitätsfunktion. Sie gibt Aufschluss darüber, von wem das Dokument kommt. Das zweite Merkmal ist die Integritätsfunktion, die Aufschluss darüber gibt, ob das Dokument unverändert den Empfänger erreicht hat.[87]

Die einfache elektronische Signatur liefert zwar eine Authentizitätsfunktion, zum Beispiel durch die eingescannte Unterschrift, aber keine Integritätsfunktion. Bei der fortgeschrittenen elektronischen Signatur wird neben der Authentizitätsfunktion auch die Integritätsfunktion durch die zusätzliche Verknüpfung der Daten gewährleistet, während die qualifizierte elektronische Signatur durch ihre Sicherheitsmaßnahmen das höchste Maß an Beweiskraft erreicht. Selbst vor Gericht dient die qualifizierte elektronische Signatur als eindeutige Willenserklärung, so dass der eigentliche Inhaber durch Tatsachen nachweisen muss, dass die getätigte Willenserklärung nicht von ihm, sondern einem Dritten stammt.[88]

### 3.2 Datenschutz

Der Aspekt des Datenschutzes ist im elektronischen Geschäftsverkehr und somit auch bei elektronischen Zahlungssystemen ein wichtiger und umstrittener Punkt. Aus diesem Grunde haben das Europäische Parlament und der Ministerrat am 24.10.1995 eine allgemeine Datenschutzrichtlinie verabschiedet. Bis auf Frankreich und Irland haben alle Mitgliedsstaaten der Europäischen Union ihre Gesetze dieser Datenschutzrichtlinie angepasst.[89]

---

[86] Vgl. ebenda.
[87] Vgl. ebenda. S.42f.
[88] Vgl. ebenda.
[89] Vgl. ebenda. S.71ff.

### 3.2.1 Grenzüberschreitender Datenaustausch

Bei grenzüberschreitendem Datenaustausch ist zu beachten, dass die Datenschutzgesetze des Landes gelten, in dem die Daten verarbeitet werden. Dies gilt auch, wenn der Datenaustausch zwischen einem Nicht- EU- Mitgliedsstaat und einem Mitgliedsstatt stattfindet und die Daten in dem Nicht- EU- Mitgliedsstaat verarbeitet werden. Der Datenschutz wird in diesem Fall direkt durch die Datenschutzrichtlinie sichergestellt. Denn laut der Datenschutzrichtlinie dürfen Daten in andere Länder nur exportiert werden, wenn diese ebenfalls über ein ähnlich hohes Datenschutzniveau verfügen.[90]

### 3.2.2 Bundesdatenschutzgesetz - BDSG

In Deutschland ist am 23.05.2001 das neue Bundesdatenschutzgesetz in Kraft getreten. Mit dem neuen Bundesdatenschutzgesetz ist die Datenschutzrichtlinie der Europäischen Union umgesetzt und das alte Bundesdatenschutzgesetz von 1990 überarbeitet worden. Der Zweck des Bundesdatenschutzgesetzes ist, „den Einzelnen davor zu schützen, dass er durch den Umgang mit seinen personenbezogenen Daten in seinem Persönlichkeitsrecht beeinträchtigt wird."[91] Das Bundesdatenschutzgesetz schränkt die personenbezogenen Daten dabei nicht in sensible und belanglose Daten ein, da mit der richtigen Technik auch Daten wie Name oder Anschrift nicht mehr belanglos erscheinen.[92]

Grundsätzlich unterscheidet das Bundesdatenschutzgesetz beim Geltungsbereich zwischen öffentlichen und nicht öffentlichen Stellen. Zu den öffentlichen Stellen gehören Behörden und Organe der Rechtspflege sowie Einrichtungen des Bundes, die nicht den Landesdatenschutzgesetzen unterliegen. Die nicht öffentlichen Stellen sind natürliche und juristische Personen sowie Gesellschaften und andere Personenvereinigungen. Das Bundesdatenschutzgesetz findet überall da Anwendung, wo Daten beruflich oder geschäftlich genutzt werden.[93]

---

[90] Vgl. ebenda.
[91] LDA, (27.02.2005)
[92] Vgl. Geis 2004, S.74ff.
[93] Vgl. ebenda.

### 3.2.2.1 Begriffserklärungen

Da der Datenschutz in Deutschland eine wichtige Rolle einnimmt, werden im Folgenden die wichtigsten Begriffserklärungen aus dem Bundesdatenschutzgesetz genauer erklärt.

#### 3.2.2.1.1 Personenbezogene Daten - § 3 Abs. 1 BDSG

Das Bundesdatenschutzgesetz versteht unter dem Begriff der personenbezogenen Daten sämtliche Daten, die über seinen Inhaber erfasst werden können. Hierzu gehören nicht nur der Name und die Anschrift, sondern zum Beispiel auch Erkrankungen, Vorlieben und Eigenschaften des Inhabers.[94]

#### 3.2.2.1.2 Dateien - § 3 Abs. 2 BDSG

Im Bundesdatenschutzgesetz werden Dateien in automatisierte und nicht automatisierte Dateien unterteilt. Bei beiden Dateiarten handelt es sich um eine Sammlung personenbezogener Daten. Der Unterschied liegt lediglich in der Verarbeitung. Bei automatisierten Dateien ist es möglich, die Daten mit automatisierten Verfahren auszuwerten, während bei nicht automatisierten Dateien die Daten nach Merkmalen ausgewertet werden können.[95]

#### 3.2.2.1.3 Datenerhebung - § 3 Abs. 4 BDSG

Mit der Datenerhebung ist die Beschaffung von Daten gemeint. Allerdings wird hier von einer direkten Erfassung von Daten ausgegangen, die zum Beispiel durch Umfragen gesammelt werden. Daten, die zufällig auffallen, fallen nicht in das Bundesdatenschutzgesetz. Des Weiteren unterteilt das Bundesdatenschutzgesetz die Datenbeschaffung in den öffentlichen und nicht öffentlichen Bereich. Im öffentlichen Bereich werden oftmals Daten erfasst, damit entsprechende Aufgaben und Leistungen für die betroffene Person erfüllt werden. Deshalb wird diese Form der Datenerfassung als direkte Datenerfassung angesehen, auch wenn die Datenerfassung nicht direkt über die betroffene Person, sondern über Dritte erfolgt. Dies setzt allerdings voraus, dass der befragte Dritte Auskunft über den Grund der Datenerfassung und die geltenden Vorschriften bekommt. Im nicht öffentlichen Bereich ist die Datenerfassung erlaubt, solange die Daten zur Auftragsausführung benötigt werden.[96]

---

[94] Vgl. ebenda.
[95] Vgl. ebenda.
[96] Vgl. ebenda.

#### 3.2.2.1.4 Speichern, Verändern, Übermitteln, Löschen, Sperren und Nutzen von Daten - § 3 Abs. 5 & 6 BDSG

Mit dem Erfassen personenbezogener Daten beginnt die Speicherung von Daten und reicht bis hin zur Aufbewahrung. Während dieser Zeit können Daten verändert, übermittelt, gelöscht und gesperrt werden. Die Änderung von personenbezogenen Daten umfasst auch das Entfernen einzelner Dateninformationen aus einem bestimmten Kontext beziehungsweise das Einfügen von Daten in einen anderen Kontext, während bei der Übermittlung von personenbezogenen Daten die direkte Einsicht gemeint ist und nicht nur die Bereitstellung von Informationen. Wenn bei Daten Markierungen, Codierungen oder Zusätze hinzugefügt werden, soll dies in der Regel die Weiterverarbeitung oder Nutzung bestimmter Daten verhindern. In der Regel handelt es sich um so genannte Sperrvermerke, die die Originaldaten vor Veränderungen schützen.[97]

Wenn Daten nicht mehr benötigt werden, können sie gelöscht werden. Dies geschieht in der Regel durch die Löschung vom entsprechenden Medium oder durch die Vernichtung des entsprechenden Mediums. Damit können die Daten nicht mehr genutzt werden. Unter die Nutzung fällt jede Verwendung von Daten, die nicht zur Verarbeitung gehört. Dies umfasst die Auswertung von Daten und die Weiterverarbeitung der Auswertung.[98]

#### 3.2.2.1.5 Anonymisieren und Pseudonymisieren - § 3 Abs. 7 BDSG

Anonymisieren und Pseudonymisieren bedeutet, dass die Daten der eigentlichen Person nicht mehr oder nur mit sehr hohem Aufwand zugeordnet werden können. Wobei unter dem Begriff Anonymisieren die Veränderung von Daten verstanden wird und beim Pseudonymisieren die Ersetzung des Namens. Wie die Daten anonymisiert und pseudonymisiert werden, ist nicht vorgeschrieben.

#### 3.2.2.1.6 Verantwortliche Stelle, Empfänger, Dritte - § 3 Abs. 8 & 9 BDSG

Verantwortliche Stellen zeichnen sich durch die Erhebung, Verarbeitung oder Nutzung von personenbezogenen Daten aus. Wenn ein Auftrag an ein anderes Unternehmen erteilt wird, um diese Aufgaben zu tätigen, ist das Auftrag gebende Unternehmen ebenfalls eine verantwortliche Stelle. Im öffentlichen Bereich erfolgt die Definition der verantwortlichen Stelle im Landesdatenschutzgesetzbuch. Im nicht öffentlichen Bereich sind alle natürlichen

---

[97] Vgl. ebenda.
[98] Vgl. ebenda.

und juristischen Personen sowie Gesellschaften und Personenvereinigungen eine verantwortliche Stelle. Auch Tochtergesellschaften und Zweigstellen eines Konzerns sind verantwortliche Stellen.[99]

Als Empfänger werden all jene bezeichnet, die Daten erhalten. Dies kann wie im öffentlichen Bereich eine Behörde oder wie im nicht öffentlichen Bereich eine einzelne Person sein. Auch jene, die einen Auftrag von einer verantwortlichen Stelle entgegennehmen, aber nicht zu dieser gehören, werden als Empfänger bezeichnet. Von einem Dritten hingegen wird immer dann gesprochen, wenn dieser nicht zu der jeweiligen verantwortlichen Stelle gehört. Dies kann wie beim Empfänger eine Behörde, eine Gesellschaft oder eine einzelne Person sein.[100]

### 3.2.2.2 Wichtige Paragraphen für elektronische Zahlungssysteme
Um nicht auf jeden Paragraphen des Bundesdatenschutzgesetzbuches einzugehen, werden im Folgenden nur die wichtigsten Punkte genannt.

### 3.2.2.2.1 Vorschriften für mobile Speicher- und Verarbeitungsmedien
Paragraph 3 Absatz 10 Bundesdatenschutzgesetz setzt zum einen bei mobilen Speichermedien voraus, dass die Karte ihrem Inhaber ausgehändigt wird, und zum anderen, dass die herausgebende Stelle die personenbezogenen Daten auf dem mobilen Speichermedium so speichert, dass „die Daten automatisiert verarbeitet werden können."[101] Ferner darf die Datenverarbeitung durch den Karteninhaber nur durch das Einführen in ein Kartenlesegerät beeinflusst werden. Hierdurch wird gewährleistet, dass die Daten auf mobilen Speichermedien nur durch die Zustimmung des Inhabers verarbeitet und nicht heimlich zum Beispiel mit bestimmten Scannern ausgelesen werden.[102]

Worüber der Inhaber eines solchen Speichermediums informiert werden muss, kann in Paragraph 6c des Bundesdatenschutzgesetzes nachgelesen werden. Kurz zusammengefasst beinhaltet dies die Funktionsweise des entsprechenden Speichermediums sowie die damit verbundenen Rechte und Pflichten.

---

[99] Vgl. ebenda.
[100] Vgl. ebenda.
[101] Höft 2002, S.85ff.
[102] Vgl. ebenda.

#### 3.2.2.2.2 Automatische Verarbeitung personenbezogener Daten

Gerade im Bereich elektronischer Zahlungssysteme ist dies ein interessantes Thema, da die Übermittlung und Abfrage der persönlichen Daten fast ausschließlich automatisch geschieht. Die Einrichtung von automatischen Verfahren ist zulässig, soweit die Interessen des Betroffenen geschützt bleiben und die Verarbeitung dem Zweck der Auftragserfüllung dient. Damit die automatische Verarbeitung kontrolliert werden kann, sind bestimmte Kriterien schriftlich festzuhalten:

- Anlass und Zweck der Verarbeitung
- Empfänger der Daten
- Art der Daten, die übermittelt werden

Die Kontrollierbarkeit der automatischen Verarbeitung ist vom Paragraphen 10 Absatz 2 des Bundesdatenschutzgesetzes vorgeschrieben.[103]

#### 3.2.2.2.3 Verantwortliche für die Einhaltung des Datenschutzes

Um den Datenschutz gewährleisten zu können, muss das Bundesdatenschutzgesetz eingehalten werden, doch wer ist wofür zuständig? Im Falle von elektronischen Zahlungssystemen ist bei Verwendung automatischer Verarbeitungen der Datenempfänger für den Datenschutz und die Speicherung der notwendigen Daten zuständig.

### 3.3 Elektronische Zahlungssysteme

Für elektronische Zahlungssysteme ist es von großer Bedeutung, dass die Datenübertragung sicher, also verschlüsselt erfolgt. Aus diesem Grunde kommt der Kryptografie eine große Bedeutung zu. Allerdings sollte beachtet werden, dass es teilweise weltweite rechtliche Unterschiede hinsichtlich der Verschlüsselungstechnologien gibt. Das beste Beispiel sind die amerikanischen Exportbeschränkungen. Obwohl in den US- Versionen des Netscape Navigators bereits eine 128 Bit SSL Verschlüsselung verwendet wurde, erfolgte der Export des Netscape Navigators am Anfang mit einer integrierten 40 Bit SSL Verschlüsselung.[104]

---

[103] Vgl. ebenda.
[104] Vgl. Amor 2000, S.485ff.

### 3.3.1 Rechtsgrundlagen für Kreditkarten

Im Falle einer Kreditkarte verpflichtet sich die Kreditkartengesellschaft eine fällige Zahlung des Kunden beim Händler auszugleichen. Im Gegenzug verpflichtet sich der Kunde, ähnlich wie bei der EC-Karte, die Verbindlichkeit bei der Kreditkartengesellschaft zu bezahlen. Der Versuch, das Missbrauchsrisiko bei Kreditkartenzahlungen im Internet auf den Kunden abzuwälzen, ist abgelehnt worden. Da die Kreditkartendaten auch bei bestimmungsgemäßem Gebrauch an Dritte weitergegeben werden. Als Beispiel kann hier die Zahlung mit der Kreditkarte in einem Restaurant genannt werden: Dabei wird die Kreditkarte dem Kellner ausgehändigt. Da die Integration der Kartenlesegeräte in der Regel unterschiedlich ist, kann es vorkommen, dass der Kellner mit der Kreditkarte den Raum verlässt. Hierbei können die Kreditkartendaten genau wie im Internet jederzeit missbraucht werden, deshalb trifft den Kunden beim Gebrauch seiner Kreditkarte im Internet fast kein Haftungsrisiko. Im Gegenteil, der Händler muss nachweisen, dass ein entsprechender Handel abgeschlossen wurde. Das Hauptproblem hierbei ist die Tatsache, dass bei Kreditkartenzahlungen im Internet kein Beleg wie zum Beispiel an der Tankstelle ausgedruckt wird, den der Kunde unterschreibt. Deshalb kann dem Internethändler beim Fehlen eines solchen Beleges die Verletzung der Sorgfaltspflicht vorgeworfen werden. Aus diesem Grunde ist gerade die Zahlung mit der Kreditkarte bei Online- Händlern sehr risikobehaftet, da bei missbräuchlicher Verwendung Zahlungs- und Warenverlust drohen.[105]

### 3.3.2 Rechtsgrundlagen für Lastschriftverfahren

Ein ähnlich hohes Risiko für Online-Händler bergen lastschriftbasierte Zahlungssysteme im Internet. Rechtlich gesehen existieren für den Händler keine speziellen Bedingungen für den Lastschrifteinzug via Internet. Dementsprechend kommen die Verträge für die üblichen Lastschriftverfahren zum Tragen. Dies setzt voraus, dass der Kunde eine schriftliche Einzugsermächtigung erteilt. Da der Kunde allerdings nur seine Bankdaten dem Händler via das Internet übermittelt, jedoch keine schriftliche Einzugsermächtigung erteilt, fehlt rechtlich gesehen die Einzugsermächtigung. Wie weiter vorne erwähnt, verstößt dies gegen das Lastschriftabkommen der Verbände der deutschen Kreditwirtschaft. Momentan sehen die Banken noch darüber hinweg, da sie eine schriftliche Einzugsermächtigung voraussetzen.

---

[105] Vgl. Tritschler 2002, S. 91ff.

Dies bedeutet, dass bei einem Zahlungsausfall der Händler das ganze Risiko trägt und seine Forderung im schlimmsten Fall nicht geltend machen kann.[106]

### 3.3.3 Rechtsgrundlagen für die Geldkarte

Bei der kontogebundenen Geldkarte wird in der Regel der Vertrag für das entsprechende Girokonto zugrunde gelegt. Bei der kontoungebundenen Geldkarte wird ein separater Geldkartenvertrag vereinbart. Mit der Bestätigung des Geldbetrages und der daraus resultierenden Abbuchung des Betrages geht der Kunde einen rechtskräftigen Vertrag ein. Bei Zahlungen im Handel findet eine Echtheitsprüfung der Karte statt. Dies entfällt bei Internettransaktionen. Lediglich das Zertifikat der Geldkarte wird auf Gültigkeit überprüft. Erst wenn der Händler einen Kassenabschluss macht und die Daten der Händlerbank übertragen werden findet eine entsprechende Prüfung statt. Die Händlerbank führt neben Transaktions- und Summenprüfungen Prüfungen für die Datenplausibilität und Echtheit der Umsätze durch. Erst danach werden die Umsätze an die Kartenevidenzzentrale weitergeleitet. Die Kartenevidenzzentrale selbst prüft die Kartenumsätze ebenfalls, um Manipulationen und Doppelberechnungen auszuschließen. Erst nach erfolgreicher Überprüfung werden die Beträge den Schattenkonten belastet.[107]

Laut dem Girokontovertrag beziehungsweise dem separaten Geldkartenvertrag tätigt der Kunde eine empfangsbedürftige Willenserklärung. Diese tritt mit der Bestätigung und der erfolgreichen Zertifikatidentifizierung in Kraft. Aus diesem Grunde wird keine Rückgabe der Lastschrift erteilt, weder auf Widerspruch noch mangels Deckung oder aus anderen Gründen.[108]

Sollte die Karte dem eigentlichem Inhaber abhanden kommen (Verlust oder Diebstahl), so hat dieser keinen Anspruch auf das noch vorhandene Geld auf der Karte. Dies resultiert aus der Tatsache, dass jeder, der in den Besitz der Karte gelangt, Zahlungen damit tätigen kann. Erst wenn die Gültigkeit der Karte abläuft, kann anhand der vorhandenen Schattenkonten bei der Kartenevidenzzentrale das Restguthaben ermittelt werden. Durch dieses Restguthaben erleiden die Banken keinen Schaden, da das umgebuchte Geld auf ein Konto der Kartenevidenzzentrale nicht zur Auszahlung kam. Daher sind die Banken verpflichtet, das

---

[106] Vgl. Weber 2002, S.183.
[107] Vgl. ebenda. S. 221ff.
[108] Vgl. ebenda.

Restguthaben an den rechtmäßigen Inhaber der Karte auszuzahlen. Dieser muss seinerseits nachweisen können, dass er der rechtmäßige Inhaber ist. Das kann durch Vorlegen des entsprechenden Kartenvertrages, in dem auch die Nummer der Geldkarte notiert ist, geschehen. Des Weiteren muss der Inhaber mit entsprechenden Belegen nachweisen, dass das geführte Guthaben bei der Kartenevidenzzentrale seines ist.[109]

In der Regel wird die entsprechende Geldkarte direkt nach der Verlustmeldung gesperrt. Diese Sperrung bewirkt, dass die Geldkarte nicht mehr aufgeladen werden kann, damit der rechtmäßige Inhaber vor weiteren Schäden bewahrt wird. Sollte mit dem Verlust der Geldkarte gleichzeitig die PIN offenbart werden, so können bei kontogebundenen Geldkarten dem Inhaber weitere Schäden durch erneutes Aufladen der Geldkarte dem Inhaber entstehen. Dies wird durch die Sperren der Karte verhindert. Für Beträge, die vor der Sperrung auf die Geldkarte geladen werden, trägt der Inhaber das Risiko, da er seiner Sorgfaltspflicht nicht nachgekommen ist. Nach der Sperrung geht das Schadensrisiko an die Bank über. Dies entspricht der gleichen Regelung wie bei der EC-Karte bei Abhebungen am Geldautomaten.[110]

# 4    Wirtschaftliche Bedeutung

Die Einführung von elektronischen Zahlungssystemen bietet für Händler und Kunden Vor- und Nachteile. Der Wunsch ist ein Zahlungssystem, welches allen Anforderungen an Sicherheit, Funktionalität und Wirtschaftlichkeit gerecht wird. Dieses Zahlungssystem existiert zurzeit allerdings noch nicht.[111]

## 4.1    Unternehmen

Durch die Einführung von elektronischen Zahlungssystemen lassen sich bestimmte Arbeitsabläufe bei Händlern automatisieren beziehungsweise rationalisieren. Durch die Automatisierung und Rationalisierung können Händler erhebliche Kosten einsparen. Allerdings ist dabei zu beachten, dass Händler im Gegenzug ihre Sicherheitsmaßnahmen für die Datenübertragung und -speicherung erhöhen müssen. Dieses wiederum ist teilweise mit

---

[109] Vgl. ebenda.
[110] Vgl. ebenda.
[111] Vgl. Reichenbach 2002, S.17f.

erheblichen Zusatzkosten verbunden. Des Weiteren sind wie bei fast allem die gesetzlichen Rahmenbedingungen einzuhalten.

### 4.1.1 Rationalisierung

Die Einführung von elektronischen Zahlungssystemen ermöglicht die Rationalisierung einzelner Abläufe. Bisher erfordern Bargeldzahlungen die Überprüfung des Geldes auf Echtheit, das Abzählen und die Herausgabe von Wechselgeld. Durch die Nutzung von elektronischen Zahlungssystemen kann aufgrund der Umbuchung von Buchgeld auf die drei Aspekte verzichtet werden. Daraus resultieren eine schnellere Abwicklung der Kundenzahlungen und geringere Kassenbestände. Eine schnelle Kundenabfertigung garantiert zufriedenere Kunden und geringere Kassenbestände sorgen für schnellere Kassenabschlüsse und geringere Tresorbestände. Diese wiederum bieten weniger Attraktivität für Überfälle.

Bei Internettransaktionen lassen sich komplette Bestell- und Zahlungsvorgänge automatisieren, so dass der Einsatz des Faktors Mensch sich nur auf die Überprüfung und Ausgabe der Ware beziehungsweise Ausführung der Dienstleistung beschränkt.

Die Auswirkungen von elektronischen Zahlungsmitteln werden besonders bei Banken deutlich. In der Regel verursachen Transport, Zählung und Lagerung von Bargeld erhebliche Kosten. Durch eine Barauszahlung am Schalter entstehen demnach pro Transaktion Kosten in Höhe von 1,07 US\$, während eine Auszahlung an einem Auszahlungsschalter gerade mal 0,27 US\$ verursacht.[112]

### 4.1.2 Umsatzsteigerung

Durch elektronische Zahlungssysteme sind Kunden nicht auf das mitgeführte Bargeld angewiesen. Dieses kann die Zahlungsbereitschaft der Kunden fördern und zu Spontankäufen anregen. Des Weiteren können durch das Angebot verschiedener Zahlungssysteme alle Kundenkreise abgedeckt werden. Bietet ein Händler zum Beispiel nur die Bezahlung mittels Kreditkarte an, so wird der Käuferkreis reduziert, da aufgrund der vorherigen Überprüfungen nicht jeder eine Kreditkarte besitzt. Andererseits kann durch das Anbieten verschiedener Zahlungssysteme die Kundenzahl erhöht werden, da Kunden die freie Wahl der Zahlung genießen, was in einem Nachbargeschäft eventuell nicht der Fall ist.

---

[112] Vgl. ebenda.

Besonders im Internet sind Umsatzsteigerungen festzustellen. Elektronische Zahlungssysteme ermöglichen dem Kunden, auf komplizierte, umständliche und teurere Verfahren zu verzichten. Zum Beispiel die Bezahlung per Nachnahme: Bei dieser Art der Bezahlung ist der Kunde darauf angewiesen, am Tag der Lieferung im Hause zu sein und die entsprechende Bargeldmenge mit sich zu führen. Des Weiteren fallen für die Bezahlung per Nachnahme weitere Gebühren für den Kunden an. Elektronische Zahlungssysteme führen dazu, dass die Präsenz der Kunden nicht zwingend erforderlich ist, und reduzieren so die Kosten, so das Kunden eher bereit sind, eine Ware zu kaufen.

### 4.1.3 Kosteneinsparungen

Kosten entstehen auf Seiten der Händler auf unterschiedliche Weise. Neben den Anschaffungs- und Wartungskosten für Hard- und Software bedeuten in der Regel Personalkosten immense Ausgaben. Aber auch Diebstahl und falsch abgezähltes herausgegebenes Wechselgeld verursachen Kosten. Alle Kosten, die eine Transaktion verursacht, inkl. der eventuell eintretenden Risiken, die eintreten können, und der Zeit, die eine Transaktion verursacht, werden unter dem Begriff der Transaktionskosten zusammengefasst. Transaktionskosten spielen nicht nur eine große Rolle in Bezug auf die Akzeptanz, sondern sie können auch durch entsprechende elektronische Zahlungssysteme reduziert werden. Aus diesem Grunde wird von drei verschiedenen Transaktionskosten gesprochen.

- hohe Transaktionskosten
- mittlere Transaktionskosten
- geringe Transaktionskosten[113]

### 4.1.3.1 Transaktionskosten

Zu den hohen Transaktionskosten gehören Zahlungssysteme, die mit einem hohen Personalaufwand verbunden sind. Dieses ist in der Regel bei Zahlungen mit Kreditkarten der Fall. Kostenverursacher sind hier hauptsächlich die Anfertigung und Übersendung der Kundendaten mittels Formular an die Kreditkartengesellschaft. Die weitere Verarbeitung der Daten erfolgt in der Regel ebenfalls manuell, so dass ein hoher Personal- und Zeitaufwand entsteht. Transaktionskosten können durch Automatisierung verringert werden. Dies führt in

---

[113] Vgl. Furche/ Wrightson 1997, S. 16ff.

der Regel zu höheren Anschaffungskosten, so dass sich automatisierte Verfahren erst ab einer gewissen Transaktionsanzahl lohnen.[114] Ein gutes Beispiel hierfür sind Electronic Cash Systeme, bei denen auch Banken Kosten einsparen. Die Transaktionskosten bei der Abhebung von Bargeld über einen Geldautomaten verursachen auf Seiten der Bank ein Drittel der Kosten, die bei der Abhebung des gleichen Bargeldbetrages am Schalter anfallen.[115]

Neben den mittleren Transaktionskosten gibt es noch die niedrigen Transaktionskosten. Bei niedrigen Transaktionskosten werden zusätzlich die Hardware- und Kommunikationsausgaben verringert. Ein Beispiel hierfür sind Telefonkarten. Telefonkarten werden im Voraus bezahlt und aufgrund der geringen Beträge wird auf Sicherheitsvorkehrungen fast ganz verzichtet. Daher entstehen bei Telefonkarten nur sehr geringe Transaktionskosten.[116]

### 4.1.3.2 Kostenreduzierung durch Virtuelle Terminals
Ein weiteres Beispiel für die Verringerung der Transaktionskosten sind die neuerdings erhältlichen virtuellen Terminals, die sich vor allem an Kassensystemen lohnen. Diese virtuellen Terminals realisieren die Erfassung der entsprechenden Kundendaten über eine webbasierte Oberfläche. Das hat den Vorteil, dass die Anschaffungskosten auf ein Minimum reduziert werden, da nur ein Rechner mit einer entsprechenden Internetanbindung vorhanden sein muss. Der zweite Vorteil ist die direkte Überprüfung der entsprechenden Kartendaten auf ihre Richtigkeit und die Sicherstellung der Bonität des Kunden. So werden gleichzeitig eventuelle Zahlungsausfälle minimiert. Virtuelle Terminals unterstützen kreditkarten- und lastschriftbasierte Zahlungsabwicklungen in Echtzeit. Des Weiteren können Belege ausgedruckt werden, die der Kunde unterschreibt, damit die rechtliche Seite ebenfalls abgedeckt wird.[117]

### 4.1.3.3 Kosteneinsparungen durch automatisierte Prozesse
Gerade bei Internettransaktionen ist die Gefahr von Falschangaben, mutwillig oder aus Versehen, relativ hoch. Falsch eingegebene Adressdaten verursachen auf der Händlerseite immense Kosten: zum einen durch zusätzliche Gebühren, die die Paketdienste verlangen, zum

---

[114] Vgl. ebenda.
[115] Vgl. Reichenbach 2002, S. 17.
[116] Vgl. Furche/ Wrightson 1997, S. 16ff.
[117] Vgl. United Payment, (23.01.2005)

anderen durch den Aufwand, der zu betreiben ist, um die richtigen Kundendaten zu erhalten. Zum Schluss muss die Lieferung dann erneut erfolgen. Diese Retouren können mit entsprechendem Personalaufwand oder durch spezielle Anwendungen abgefangen werden. Allerdings entstehen durch den Personalaufwand zur Überprüfung weitere Kosten und die Überprüfung kann bei Internettransaktionen in der Regel nicht direkt, sondern nur mit einer Zeitverzögerung durchgeführt werden. Aus diesem Grunde lohnen sich spezielle Anwendungen die direkt bei der Eingabe oder beim Bestellvorgang die Informationen des Kunden überprüfen.

## 4.1.4 Sicherheit

Durch die Einführung von elektronischen Zahlungssystemen können Waren und Dienstleistungen auf verschiedene Art und Weise bezahlt werden. Jedoch birgt jedes Zahlungssystem Sicherheitslücken. Ein elektronisches Sicherheitssystem soll die Kundendaten vor unberechtigtem Missbrauch schützen und dem Händler gleichzeitig eine Zahlungsgarantie gewährleisten. Da Händler und Kunden unterschiedliche und oftmals gegensätzliche Anforderungen an ein Zahlungssystem stellen, wird es wohl auch in Zukunft kaum ein System geben, welches allen Anforderungen gerecht wird.[118]

Bei Verwendung elektronischer Kartenlesegeräte im Handel können sich Händler und Kunde identifizieren. Der Kunde kann sicher sein, dass er die Ware direkt nach der Bezahlung erhält. Der Händler seinerseits kann zum einen das Bargeld auf Echtheit überprüfen beziehungsweise sich ein Bild darüber machen, ob der Kunde die gewünschte Bonität aufweist. Des Weiteren identifiziert sich der Kunde beim Händler durch Abgabe einer entsprechenden PIN oder seine Unterschrift. Im Internet ist diese Überprüfung schwieriger, deshalb bedarf die Zahlung im Internet weiterreichender und höherer Sicherheitsanforderungen.[119]

Die Durchführung eines Zahlungsvorganges im Internet erfordert, dass sämtliche Transaktionsdaten nicht abgehört, umgeleitet, verändert oder kopiert werden können. Es sollte sichergestellt sein, dass beide Parteien den Vertrag nicht leugnen können. Der Händler muss sichergehen können, dass der Kunde die erforderliche Bonität aufweist, damit es zu keinem

---

[118] Vgl. Benninghaus 2002, S.43ff.
[119] Vgl. ebenda.

Zahlungsausfall kommt. Der Kunde seinerseits muss den Händler eindeutig identifizieren können.[120]


### 4.1.4.1 Magnetstreifenkarten

Magnetstreifenkarten sind momentan die am häufigsten verwendeten Zahlungsträger im Bereich elektronischer Zahlungssysteme. Die Sicherheitsmerkmale dieser Karten teilen sich in zwei Bereiche: Der eine ist eine Prüfziffer, die bei Nutzung der Karte abgefragt wird. Der zweite Bereich ist der in Deutschland verwendete MM-Code, ein Merkmalschutzsystem. Hierbei handelt es sich um ein nicht veränderbares Merkmal, welches mit verschlüsselten Daten auf dem Magnetstreifen verknüpft ist. Aufgrund der Fehlerhäufigkeit wird auf die Überprüfung des MM- Codes teilweise verzichtet. Außerhalb Deutschlands findet keine Überprüfung des MM- Codes statt. Das Auslösen der Zahlung erfolgt bei Magnetstreifenkarten durch die PIN- Eingabe beziehungsweise durch Abgabe der Unterschrift. Bei Kreditkarten kann zusätzlich noch ein Bild auf der Karte des Kartenbesitzers zur Identifikation eingesetzt werden. Ein großer Nachteil bei Magnetstreifenkarten ist, dass leere Magnetstreifenkarten im Handel frei erhältlich sind. Da Magnetstreifenkarten nach einer ISO Norm (ISO 7810) beschrieben werden, ist es jederzeit möglich, mit einem Kartenlesegerät die Daten auszulesen und zu kopieren. Sollte eine Magnetstreifenkarte keinen Schreibschutz aufweisen, so können die Daten direkt auf der Karte manipuliert werden.[121]

Ein weiteres Problem stellt die Bezahlung im Internet dar. Hier werden lediglich die Kartendaten über das Internet an den Händler übermittelt. Eine Prüfung der entsprechenden Karte findet nicht statt. Eines der zurzeit wichtigsten Zahlungsmittel im Internet ist die Kreditkarte. Gerade hier werden allerdings auch steigende Betrugzahlen gemessen. VISA meldet, dass 70% aller Reklamationen durch Internettransaktionen verursacht werden. Wobei dazu gesagt werden muss, dass nur 2% der Gesamterlöse durch Internettransaktionen zustande kommen. Die Kreditkartendaten werden in der Regel über SSL verschlüsselt. Allerdings bietet SSL allein für beide Seiten keinen Schutz vor Betrug. Daher ist es zwingend notwendig, weiterreichende Verfahren wie den Acquirer bei Kreditkartenzahlungen zu

---

[120] Vgl. ebenda.
[121] Vgl. ebenda.

nutzen. Um die Kundendaten zu schützen, müssen auf Seiten der Händler die Server, auf denen die Daten gespeichert werden, weitestgehend vor Angriffen geschützt werden. [122]

### 4.1.4.2 Persönliche Identifikationsnummer - PIN

Durch den Aufbau der 4stelligen PIN liegt die Wahrscheinlichkeit bei 1:10.000 diese zu erraten. Durch bestimmte Informationen, erhältlich aus dem Magnetstreifen einer Karte, kann diese Wahrscheinlichkeit auf 1:150 (Stand 1997) reduziert werden. Zwei ehemalige Studenten, Marcus Janke und Dr. Peter Lackmann, mittlerweile Mitarbeiter der Infineon Technologies AG im Bereich Security und Chips, errechneten sogar eine Wahrscheinlichkeit von 1:72. Diese Erkenntnis führte zu einer Umstellung des Verschlüsselungscodes von DES auf 3DES. [123]

Auch 3DES bietet keine 100%ige Sicherheit. Daher bietet die PIN nur einen begrenzten Schutz. Um die Sicherheit zu erhöhen wird die Anzahl der Fehlversuche auf der Karte gespeichert, so dass sich die Karte in der Regel nach dem dritten Fehlversuch sperrt. Diese Sperrung kann allerdings umgangen werden, indem die Daten vor den Versuchen von der Karte gelesen werden. Sobald sich die Karte sperrt, können die zuvor gesicherten Daten zurück auf die Karte geschrieben werden. Damit ist die Anzahl der Fehlversuche wieder auf null gesetzt. Für diese Kopierverfahren werden bei einfachen Magnetstreifenkarten keine Dekodierungen benötigt; nur intelligente Chipkarten verwenden Dekodiermechanismen, damit bereits der Zugriff durch komplexere Zugriffsverfahren erschwert wird. [124]

### 4.1.4.3 Geldkarte

Die Bezahlung mit der Geldkarte ist eines der sichersten elektronischen Zahlungssysteme, da die Zahlung, anders als bei der Magnetstreifenkarte, direkt von der Kundenkarte an die Händlerkarte geleitet wird. Für die Verwendung einer Geldkarte im Internet sind besondere Sicherheitsanforderungen nötig. So werden die Transaktionsdaten über eine Software und eine SSL Verbindung gesichert. Ein großes Problem bei der Geldkarte sind die Kartenlesegeräte, die sich jeder Kunde zusätzlich anschaffen muss. Um für die Sicherheit zu garantieren, hat der zentrale Kreditausschuss festgelegt, dass ein Klasse 3 Kartenlesegerät zu verwenden ist. Ein Klasse 3 Kartenlesegerät kostet allerdings einiges mehr als ein Klasse 1

---

[122] Vgl. Merz 1999, S. 165.
[123] Vgl. Leptihn 2000, S.53ff.
[124] Vgl. Furche/ Wrightson 1997, S. 15f.

Kartenlesegerät, was ein Grund für das mangelnde Interesse an diesem Zahlungssystems sein dürfte.[125]

Chipkarten genießen im Gegensatz zu Magnetstreifenkarten höhere Sicherheitsmaßnahmen. So kann eine Chipkarte zum Beispiel nicht so einfach kopiert werden wie eine Magnetstreifenkarte. Grund dafür ist unter anderem, dass die Auslieferung nur über entsprechende Halbleiterlieferanten erfolgt. Des Weiteren können nicht wie bei Magnetstreifenkarten leere Karten in Umlauf gelangen, da die Chipkarten mit einem Code versehen sind. Dieser kann nur vom rechtmäßigen Inhaber entfernt und die Karte damit frei geschaltet werden. Während bei einer Magnetstreifenkarte alle Daten manipuliert werden können ist das Betriebssystem bei Chipkarten auf dem ROM gespeichert, welches sich dementsprechend nicht manipulieren lässt.

### 4.1.5 Verlässlichkeit

Wie bereits erwähnt kann es durch Serverausfälle auf Seiten der Netzbetreiber dazu kommen, dass die Zahlung über elektronische Zahlungssysteme nicht gewährleistet ist. Aber nicht nur auf Seiten der Netzbetreiber kann es zu Ausfällen kommen. Wenn Händler die Verwaltung elektronischer Zahlungsverfahren über eigene Server steuern, sollte besonders darauf geachtet werden, Fehler zu vermeiden. Zu den häufigsten Fehlern gehören böswilliger Code, unklare Schnittstellen, Übersetzungsfehler oder nicht ausreichender Schutz vor Angriffen. Damit ein System verlässlich ist, sollte die Software frei von Fehlern sein und die Hardware den höchsten Sicherheitsanforderungen entsprechen. Des Weiteren sollten verschiedene Methoden der Implementierung gewählt werden, damit bei einem Ausfall eines elektronischen Zahlungssystems andere Zahlungssysteme weiterhin genutzt werden können.[126]

### 4.1.6 Steigerung der Serviceleistungen

Durch die Reduzierung der Durchlaufzeiten zum Beispiel an der Kasse können sich Mitarbeiter mehr um den Verkauf von Waren und Dienstleistungen kümmern. Zusätzlich werden dem Kunden durch das Angebot verschiedener Zahlungsmöglichkeiten bereits mehrere Serviceleistungen zur Verfügung gestellt, da der Kunde frei entscheiden kann, wie er am liebsten bezahlt.

---

[125] Vgl. Benninghaus 2002, S. 43ff.
[126] Vgl. Reichenbach 2002, S. 10ff.

## 4.2  Kunden

Der Hauptgrund der Kunden für die Nichtbenutzung von elektronischen Zahlungssystemen ist zum einen das nicht vorhandene Sicherheitsgefühl, die viel zu komplizierte Handhabung und die fehlende Anonymität.

### 4.2.1 Flexibilität

Kunden sind durch die Einführung von elektronischen Zahlungssystemen flexibler, da auch Spontankäufe leicht realisiert werden können und nicht auf das mitgeführte Bargeld Rücksicht genommen werden muss. Des Weiteren sind Kunden im Internet nicht darauf angewiesen, direkt vor Ort zu sein; die Ware kann zu Hause empfangen und von dort bezahlt werden. Dies erspart dem Kunden den Weg zur Bank für die Bargeldabholung und den Weg ins Geschäft. Doch nicht nur die verschiedenen Zahlungssysteme spielen eine Rolle, sondern auch der Zeitpunkt der Zahlung. Hier werden drei Arten unterschieden:

- Prepaid, hierbei erfolgt die Belastung des Kontos vor der Zahlung. Das bedeutet, dass eine Zahlung nur erfolgen kann, wenn ein entsprechendes Guthaben vorhanden ist, wie zum Beispiel bei der Geldkarte.
- Pay- now, die Belastung des Kontos erfolgt während der Zahlung, wie zum Beispiel bei Zahlungen mit der EC-Karte beim Electronic Cash.
- Pay- later, die Belastung des Kontos erfolgt erst nach der Zahlung. Der Kunde erhält sozusagen einen Kredit. Die besten Beispiele hierfür sind Kreditkarten.[127]

### 4.2.2 Verfügbarkeit

Im Gegensatz zum Bargeld werden entsprechende EC-, Maestro- oder Kreditkarten immer mitgeführt. Sofern die Konten des Kunden nicht am Limit sind, ist eine ständige Verfügbarkeit gesichert, so dass jederzeit eingekauft werden kann. Des Weiteren erfolgt durch elektronische Zahlungssysteme eine Minimierung der Diebstahlrisiken. Während Bargeld bei einem Diebstahl nicht ersetzt wird, reicht es bei einer Karte in der Regel aus, eine Telefonnummer zu wählen und die Karte sperren zu lassen. Einige Kreditinstitute gewähren mittlerweile die Rückerstattung von Beträgen, die nach dem Sperranruf abgehoben werden. Andere garantieren die Sperrung der Karte erst innerhalb von 24 bis 48 Stunden nach dem Anruf.

---

[127] Vgl. ebenda.

Problematisch wird es für den Kunden erst, wenn kein Bargeld mitgeführt wird und der gewünschte Einkauf wegen eines Ausfalles nicht mit einem elektronischen Zahlungssystem realisiert werden kann. Im Normalfall ist der Kunde in dieser Situation gezwungen, die Ware im Laden zu lassen und sie später zu kaufen. Bei einigen Artikeln (zum Beispiel Benzin an der Tankstelle) ist dies nicht so einfach möglich, da das Benzin aus einem Auto nicht einfach wieder entnommen werden kann. In diesem Fall behelfen sich Kunden und Händler mit einer Notlösung, indem der Personalausweis oder Führerschein bis zur endgültigen Bezahlung des Betrages beim Händler als Sicherheit verbleibt.

### 4.2.3 Anonymität

Bei der Bezahlung mit Bargeld bleibt die Identität des Kunden in der Regel vollkommen ungewiss für den Händler. Dieser benötigt bei Barzahlungen auch keine Informationen über den Kunden. Sollte der Kunde mit einer Reklamation wiederkommen, reicht es dem Händler aus, wenn dieser nachweisen kann, dass die Ware aus seinem Laden stammt. Bei elektronischen Zahlungssystemen gestaltet sich dies etwas schwieriger. Zum einen wünscht sich der Kunde, dass keine Bestelldaten an Banken und Kreditinstitute weitergegeben werden und zum anderen steht die Sicherheit im Vordergrund, damit kein Missbrauch der entsprechenden Daten stattfindet.

Firmen bezahlen in der Regel eine Menge Geld, damit die internen Daten nicht nach außen gelangen. Bei Kunden ist dies in der Regel anders; die Anonymität wird zwar verlangt, aber keiner ist bereit, dafür zu zahlen, beziehungsweise sind dies nur die wenigsten. Anonymität lässt sich in zwei Bereiche unterteilen: Zum einen gibt es die totale Anonymität, wie zum Beispiel ein Brief ohne Absender, und zum anderen gibt es die Pseudonymität. Bei letzterer wird ein anderer Name benutzt, der aber nichts über denjenigen verrät. Das beste Beispiel hierfür ist ein Schweizer Nummernkonto. Im Internet lassen sich beide Arten der Anonymität nur relativ schwer übertragen, da allein der Kundenrechner anhand von Seriennummern der einzelnen Hardwarekomponenten und Cookies Rückschlüsse auf seinen Besitzer zulässt. Wenn es um Anonymität bei elektronischen Zahlungssystemen geht melden sich viele zu Wort. Niemand möchte etwas von sich preisgeben. Andererseits gibt es in der heutigen Zeit viele Rabattsysteme wie Payback, Webmiles und so weiter. Dies lässt darauf schließen, dass die Anonymität für jeden anders ist. Einige möchten nur ein paar Dinge geheim halten, andere wiederum alles. Anonyme elektronische Zahlungssysteme (ähnlich wie Schweizer

Nummernkonten) wird es wahrscheinlich für die, die bereit sind, dafür zu bezahlen, immer geben. Der Durchschnittsverbraucher gehört in der Regel nicht dazu.[128]

# 5 Akzeptanz und Affinität

Die Akzeptanz von elektronischen Zahlungssystemen wird durch verschiedene Aspekte beeinflusst. Die drei Hauptfaktoren sind die Sicherheit eines Systems, die entstehenden Kosten auf Anbieter- und Kundenseite sowie der Verbreitungsgrad.

Wie sicher ein elektronisches Zahlungssystem ist können Kunden in der Regel nur selten objektiv einschätzen. Deshalb zählt für den Kunden das subjektive Sicherheitsgefühl. Bei Kreditkarten ist weder bei der konventionellen Benutzung noch bei der Benutzung im Internet eine 100%ige Sicherheit gewährleistet. Allerdings übernehmen Kreditkartkartengesellschaften fast das gesamte Risiko. Dies ist ein Grund, weshalb die Kreditkarte weltweite Akzeptanz als Zahlungsmittel findet. Bei der Geldkarte ist das anders geregelt: Der Kunde muss für die Bezahlung keine PIN eingeben und bei Verlust oder Diebstahl wird seitens der Banken keine Haftung übernommen. Das Risiko liegt demzufolge beim Kunden, was einer Akzeptanz dieses Zahlungssystems im Wege steht.[129]

Die Kosten setzen sich ebenfalls aus unterschiedlichen Faktoren zusammen: Zum einen sind das die Transaktionskosten, die bei jeder Transaktion anfallen, zum anderen die Monats- bzw. Jahresgebühren, die oftmals vom Endkunden bezahlt werden. Und dann gibt es noch die Aktivierungskosten für bestimmte technische Ausstattungen, die überwiegend von den Händlern getragen werden.[130]

Ein elektronisches Zahlungssystem findet einen entsprechenden Verbreitungsgrad, wenn es als sicher eingestuft wird und die Kosten so gering wie möglich sind. Des Weiteren sollte ein elektronisches Zahlungssystem flexibel in verschiedene Systeme integrierbar sein, die die Unterstützung verschiedener Währungen bieten und den Bezahlvorgang genauso leicht und unkompliziert wie in der realen Welt abbilden.[131]

---

[128] Vgl. Schneier 2001, S. 55f.
[129] Vgl. Stolpmann 1997, S. 28.
[130] Vgl. ebenda. S. 29
[131] Vgl. Amor 2000 S. 633

## 5.1 Anforderungen an elektronische Zahlungssysteme

Händler und Kunden stellen in der Regel unterschiedliche Anforderungen an ein elektronisches Zahlungssystem. Um diese Anforderungen genauer zu spezifizieren, werden regelmäßig Umfragen durchgeführt, die jedoch zu unterschiedlichen Aussagen kommen. Die Umfrage IZV4 aus dem Jahre 2001 ist zu dem Ergebnis gelangt, dass sich 60,8% der Befragten eine größere Auswahl an Zahlungssystemen wünschen. Auch die Datenübertragung wird von 64,2% als nicht sicher bewertet. Aber was genau ist ausschlaggebend für die Auswahl eines entsprechenden Zahlungssystems? Die IZV4 Umfrage hat folgendes festgestellt:

- Geringe Kosten (70,5%)
- Stornierungsmöglichkeiten (62,2%)
- Einfache Bedienung (61,8%)
- Belastungszeitpunkt (59,2%)
- Absicherung im Schadensfall (59,2%)
- Umfang der abzugebenden persönlichen Daten (42,2%)
- Nachvollziehbarkeit der Umsätze (40,5%)
- Zeitaufwand des Zahlvorgangs (17,5%)[132]

Um die Sicherheit und damit auch die Akzeptanz von elektronischen Zahlungssystemen zu erhöhen, gibt es verschiedene Alternativen. Laut der IZV4 Umfrage sind Kunden für mehr Sicherheit bereit, weitere Software (61,3%) und längere Wartezeiten (51,7%) in Kauf zu nehmen. Dagegen sind weitere Zusatzkosten (14,9%), die Preisgabe persönlicher Daten (16,2%) und die Anschaffung zusätzlicher Hardware (16,2%) eher unbeliebt.[133]

Im Gegensatz zu der IZU4 Umfrage aus dem Jahr 2001 kommt die IZU5 Umfrage im Mai 2002 zu dem Ergebnis, dass die Vereinheitlichung unterschiedlicher Zahlungssysteme den Kauf für 70% der Befragten interessanter macht. Weiterhin spielt der Kostenfaktor bei den Kunden eine große Rolle; diese werden jetzt zwar nicht mehr in geringeren oder höheren Kosten ausgedrückt, allerdings argumentieren die Befragten, dass Punktesysteme mit

---

[132] Vgl. Ketterer 2001, (21.02.2005)
[133] Vgl. ebenda.

entsprechenden Prämien (44,2%) und Kundengeschenke beim Erstkauf (40,9%) Anreize für die Nutzung von elektronischen Zahlungssystemen darstellen.[134]

In den Umfragen IZU6 (2003) und IZU7 (2004) stellte sich heraus, dass ca. 80% der Befragten, die elektronische Zahlungssysteme nutzen, keine negativen Erfahrungen damit gemacht haben. So stellt sich weiterhin die Frage, welche Anforderungen ein elektronisches Zahlungssystem unterstützen sollte, damit es eine entsprechende Akzeptanz und Verbreitung findet. Die wichtigsten Eigenschaften, die elektronische Zahlungssysteme unterstützen sollten, werden im Folgenden näher erläutert.[135]

### 5.1.1 Verbreitung und Marktdurchdringung

Die Häufigkeit der Nutzung eines elektronischen Zahlungssystems ist abhängig von der Akzeptanz und Verbreitung dieses Zahlungssystems. Während Kunden sich in der Regel für elektronische Zahlungssysteme erst entscheiden, wenn genügend Händler sie anbieten, ist es auf Seiten der Händler genau umgekehrt. Ein Händler wird ein Zahlungssystem nur anbieten, wenn er sicher ist, dass dieses bereits eine entsprechende Verbreitung auf Seiten der Kunden gefunden hat beziehungsweise in naher Zukunft finden wird. Hierbei kommt es in der Regel auch darauf an, wer hinter dem Zahlungssystem steht, ob es einflussreiche Banken oder Kreditinstitute sind oder ob es nur ein unbekannter Händler ist.[136]

### 5.1.2 Sicherheit

In der Regel wollen Kunden und Händler das Missbrauchsrisiko ihrer Daten möglichst gering halten und den Leistungserhalt auf beiden Seiten sicherstellen. Aus diesem Grunde sollte zum einen gesichert sein, dass die Daten nur auf sicheren Datenwegen übertragen werden, und zum anderen sollten Händler Vorsorge für Zahlungsausfälle treffen. Dies kann durch geeignete Vertragspartner geschehen.[137]

### 5.1.3 Zahlungszeitpunkt

Der Zahlungszeitpunkt ist für Kunden und Händler gleichermaßen wichtig, da er Einfluss auf die entstehenden Risiken nimmt. Kunden bevorzugen die Zahlung nach dem Wareneingang,

---

[134] Vgl. Ketterer 2002, (21.02.2005)
[135] Vgl. Ketterer 2003, (21.02.2005)
[136] Vgl. Höft 2002, S. 52.
[137] Vgl. Alpar/ Pickerodt/ Pfuhl, (20.02.2005)

da so die Ware so erst überprüft werden kann. Für Händler bedeutet dies ein erhöhtes Risiko in Bezug auf den Zahlungsausfall. Daher wählen Händler den Zahlungszeitpunkt bevorzugt früher.[138]

### 5.1.4 Zahlungsbereich

Der Zahlungsbereich ist gerade für Händler sehr interessant, da sich hiermit verschiedene Gebiete eventuell mit einem Zahlungssystem abdecken lassen. Für internationalen Handel ist es von Bedeutung, dass ein Zahlungssystem verschiedene Währungen unterstützt. Rentabler werden Zahlungssysteme, wenn sich neben normalen Zahlungen auch Zahlungen von Kleinbeträgen rentabel integrieren lassen. [139]

### 5.1.5 Kosten

Die Kosten tragen hauptsächlich die Händler. Zu den teilweise hohen Anschaffungskosten kommen noch weitere Provisionen der einzelnen Bank- und Kreditkartengesellschaften hinzu. Je nach Zahlungssystem variieren diese Kosten sehr stark. Besonders interessant werden Kosten, wenn es um die Bezahlung von Kleinbeträgen geht. Obwohl Kunden in der Regel nur eine Jahresgebühr bezahlen müssen, ist dies ein Punkt, der bei Kunden mit am häufigsten für das Desinteresse an einem Zahlungssystem aufgeführt wird.[140]

### 5.1.6 Anonymität

Mit Bargeld ist die Anonymität überhaupt kein Problem. Bei elektronischen Zahlungssystemen im Internet, die für die Bezahlung von digitalen Gütern verwendet werden, ist dies auch noch vorstellbar, aber sobald eine Lieferung erfolgen soll, muss auch eine Versandadresse vorhanden sein. So wie entsprechende Zahlungsdaten preiszugeben sind, wenn die Zahlung zum Beispiel mit der Kreditkarte vorgenommen werden soll.

### 5.1.7 Bedienbarkeit

Die Bedienbarkeit ist für Händler und Kunden gleichermaßen wichtig. Das Zahlungssystem sollte schnell und einfach zu bedienen sein, egal ob im Handel oder im Internet. Auf Seiten des Kunden ist zu beachten, dass ein Zahlungssystem auch von denen zu bedienen sein sollte, die dieses System nicht kennen. Gerade im Internet gibt es immer wieder Neulinge, die dies

---

[138] Vgl. Höft 2002, S. 51.
[139] Vgl. Höft 2002, S. 53.
[140] Vgl. Alpar/ Pickerodt/ Pfuhl, (20.02.2005)

zum ersten Mal ausprobieren. Sind bei Problemen eventuelle Ansprechpartner vorhanden oder Service- Hotlines? Die Bedienbarkeit umfasst für den Kunden sämtliche Schritte, die notwendig sind, um eine Zahlung durchzuführen. Für den Händler schließt das in der Regel die Registrierung, Integration und Wartung des Systems mit ein.[141]

### 5.1.8 Geschwindigkeit

Geschwindigkeit ist ein sehr wichtiges Thema bei elektronischen Zahlungssystemen. Auf Seiten des Kunden ist in der Regel die Dauer des Zahlungsvorganges gemeint, von der Initiierung bis zum Abschluss. Bei Händlern wird der Zeitraum in der Regel bis auf den Zahlungseingang erweitert.[142]

### 5.1.9 Skalierbarkeit

Die Skalierbarkeit ist schwer einzuschätzen. Am Anfang nutzten nur ein paar Hundert das Internet, da es eigentlich nicht für kommerzielle Zwecke ausgelegt war. Bei elektronischen Systemen ist dies anders, sie sind dafür bestimmt, dass mehrere Tausend damit zahlen können. Aber werden die einzelnen Zahlungssysteme auch gleichzeitig mit mehreren Millionen Kunden fertig? Dies sollte bei der Wahl eines elektronischen Zahlungssystems gerade im Internet bedacht werden. Während ein Kartenlesegerät im Handel immer nur eine Karte verarbeiten kann, können im Internet mehrere Millionen Kunden gleichzeitig eine Zahlung vornehmen. Darauf sollte bei elektronischen Zahlungssystemen geachtet werden.[143]

### 5.1.10 Stornierungsmöglichkeiten

Kunden fordern in der Regel Stornierungsmöglichkeiten wie es manche elektronische Zahlungssysteme anbieten; dies bedeutet allerdings ein erhöhtes Risiko für den Händler in Bezug auf den Zahlungsausfall.

### 5.1.11 Absicherung im Schadensfall

Welche Maßnahmen sieht das entsprechende Zahlungssystem in Missbrauchsfällen vor? Liegen die Risiken eher beim Kunden, beim Händler oder bei den entsprechenden Banken beziehungsweise Kreditkartengesellschaften? Dies sollte im Vorfeld geregelt sein, da es großen Einfluss auf die Akzeptanz eines Zahlungssystems nimmt.

---

[141] Vgl. Höft 2002, S. 52f.
[142] Vgl. ebenda.
[143] Vgl. ebenda.

## 5.2 Bewertung elektronischer Zahlungssysteme

Um elektronische Zahlungssysteme bewerten zu können, müssen spezielle Kriterien gegeben sein, nach denen die Bewertung erfolgen kann. Im vorherigen Kapitel sind 11 wichtige Aspekte genannt, die elektronische Zahlungssysteme aufweisen sollten. Aus diesem Grunde werden die genannten elektronischen Zahlungssysteme nach den im Folgenden nochmals genannten Aspekten bewertet:

- Verbreitung und Marktdurchdringung
- Sicherheit
- Zahlungszeitpunkt
- Zahlungsbereich
- Kosten
- Anonymität
- Bedienbarkeit
- Geschwindigkeit
- Skalierbarkeit
- Stornierungsmöglichkeiten
- Absicherung im Schadensfall

### 5.2.1 Kreditkartenzahlung

Damit Kunden eine Kreditkarte erhalten, müssen sie zwei Voraussetzungen erfüllen: Zum einen müssen sie über ein eigenes Konto verfügen und zum anderen ist ein regelmäßiges Einkommen nachzuweisen. Wie genau Kreditkartengesellschaften diese Angaben prüfen, ist fraglich, da in der Vergangenheit des öfteren Fälle von Jugendlichen auftraten, die durch Falschangaben gültige Kreditkarten erhalten haben und diese auch einsetzen konnten. Dies wird hier aber nicht genauer untersucht, da es nicht zum Thema der Arbeit gehört.

### 5.2.1.1 Verbreitung und Marktdurchdringung

In den USA erfreuen sich Kreditkarten bereits seit einigen Jahren größter Beliebtheit. Deutsche sind über Kreditkarten noch geteilter Meinung. Allerdings findet die Zahlung mit der Kreditkarte auch in Deutschland immer mehr Akzeptanzstellen. Neben vielen Tankstellen und großen Supermarktketten bieten auch Händler im Internet immer häufiger Zahlung mittels Kreditkarte an. Allerdings wird im Internet häufiger die Zahlung mit Hilfe von SSL getätigt, da es dem SET Verfahren noch an Akzeptanz fehlt. Weltweit sind über 1,8 Milliarden Kreditkarten im Umlauf.

#### 5.2.1.2 Sicherheit

Die Zahlung mit der Kreditkarte im Handel ist für den Kunden in der Regel mit einem geringen Risiko verbunden, da er die Ware oder Dienstleistung in der Regel direkt bei Zahlung ausgehändigt bekommt. Der Händler kann hierbei selbst entscheiden, wie weit er sein Risiko durch entsprechende Online- Überprüfungen und entsprechenden Geldeinsatz reduzieren möchte. Allerdings stellt sich hier immer noch die Frage, wie der Kunde und Händler mit den Belegen, die bei Zahlungen mit der Kreditkarte anfallen, verfahren, wenn diese nicht mehr benötigt werden.

Bei Kreditkartenzahlungen im Internet über SSL setzen viele in der Regel eine 128 Bit Verschlüsselung voraus - ob diese tatsächlich besteht, wird allerdings von den wenigsten Kunden nachgeprüft. Des Weiteren ist der Händler darauf angewiesen, die Kundendaten auf einem Server zu speichern, was diesen besonders interessant für Hackerangriffe macht. Wie weit ein Händler dabei für die Sicherung sorgt, ist dem Kunden unbekannt. Kreditkartenzahlungen über SSL bieten nur bedingte Sicherheit; der Kunde bekommt zwar vom Händler ein Zertifikat zur Authentifizierung, jedoch garantiert dies dem Kunden noch lange keine Lieferung. Bei Händlern sieht es ähnlich aus: Da bei Kreditkartenzahlungen im Internet anders als am Terminal kein schriftlicher Beleg mit einer Unterschrift vorzuweisen ist, fallen hier teilweise noch höhere Disagios an. Wie unsicher Kreditkartenzahlungen im Internet sind, zeigen die steigenden Betrugszahlen. Im Jahr 2002 sind in Deutschland die Betrugszahlen bei Internetumsätzen (mit Mastercard) um 13% gegenüber dem Vorjahr gestiegen.[144]

Eine sichere Kreditkartenzahlung im Internet kann nur über SET realisiert werden, da sich hier alle Beteiligten im Vorfeld registrieren und dadurch die Identität gewährleistet wird. Des Weiteren bieten Kreditkartengesellschaften den Händlern eine Zahlungsgarantie. Auch die Übertragung der Daten erfolgt in einem sichereren Rahmen als bei SSL, da die 128 Bit Verschlüsselung bereits entschlüsselt werden kann, was bei einer 1024 Bit RSA Verschlüsselung bis jetzt noch nicht realisiert ist. Nachteil bei SET ist allerdings, dass die

[144] Vgl. N24 (22.02.2005)

63

entsprechenden Kundenzertifikate direkt auf dem Kundenrechner gespeichert werden. Dies birgt das Risiko eines Angriffs und die Nutzung durch Dritte in sich.

### 5.2.1.3 Zahlungszeitpunkt

Bei der Kreditkarte kann der Kunde zwischen drei verschiedenen Zahlungsformen wählen. Die übliche und am häufigsten vorkommende Form ist die Charge Karte. Hier werden die Zahlungen einmal im Monat zinslos abgerechnet und dem Kunden in Rechnung gestellt. Eine weitere Form ist die Debit Karte. Diese funktioniert wie eine EC-Karte, auch Debit Karte genannt. Die Abrechnung erfolgt in der Regel wenige Tage nach Auslösung der Zahlung. Die dritte Form ist die eigentliche Kreditkarte. Bei dieser Form der Kreditkarte kann ein individueller Verfügungsrahmen vereinbart werden, dessen Betrag entsprechend den Bedürfnissen des Kunden monatlich in Raten zurückgezahlt werden kann.[145]

Für Händler erfolgt die Zahlung je nach Abrechnungsintervall individuell, da die entsprechende Kreditkartengesellschaft die fällige Kundenrechnung mit Einreichung der Forderung des Händlers begleicht.

### 5.2.1.4 Zahlungsbereich

Die Kreditkarte ist währungsunabhängig, was einen weltweiten Einsatz erlaubt. Da die Gebühren auf Seiten der Händler für Zahlungen von Kleinbeträgen zu hoch sind, eignet sich die Kreditkarte nur für Macrozahlungen. Teilweise akzeptieren Händler die Kreditkarte erst ab einem bestimmten Umsatz.

### 5.2.1.5 Kosten

Die Jahresgebühren für den Kunden variieren je nach Anforderung der Karte. Für den Händler fallen zum einen die Anschaffungskosten sowie ein Disagio zwischen 2 und 4% vom Umsatz an. Bei SSL entstehen für den Händler weitere Kosten durch die Anschaffung entsprechender Zertifikate. Diese Kosten sind allerdings immer noch geringer als jene, die bei einer entsprechenden Umrüstung und Nutzung von SET entstehen. Für den Kunden fallen bei der Nutzung von SET eventuelle Registrierungskosten beziehungsweise Zertifikatskosten an, die teilweise aber auch von den Banken übernommen werden.

---

[145] Vgl. AOL, (22.02.2005)

#### 5.2.1.6 Anonymität

Die Kreditkartenzahlung mit einer SSL Verbindung garantiert keine Anonymität, da dem Händler sämtliche Bestell- und Zahlungsdaten übermittelt werden. Bei der Kreditkartenzahlung mit SET ist dies anders, da der Händler nur die nötigen Bestelldaten erhält, aber nicht die Zahlungsdaten. Bei Kreditkartenzahlungen im Handel besteht keine Anonymität, da der Händler anhand des Beleges alle Zahlungsdaten einsehen kann.

#### 5.2.1.7 Bedienbarkeit & Geschwindigkeit

Zahlungen mit der Kreditkarte im Handel erfordern kein großes Talent und sind relativ schnell realisierbar, da die Karte in den Kartenleser eingesetzt und danach eine Unterschrift abgegeben wird. Auch bei der Kreditkartenzahlung im Internet mittels SSL ist die Eingabe übersichtlich gestaltet und somit auch für unerfahrene User schnell zu Ende zu bringen. Die Zahlungen mit Hilfe von SET gestalten sich in der Regel von Anfang an etwas komplizierter, da der Kunde erst einen Antrag bei seiner Bank einreichen muss. Nach einer relativ langen Wartezeit, in der Regel fünf Tage, bekommt der Kunde von seiner Bank die entsprechende Software und Autorisierung. Hiernach muss er allerdings erst die Software installieren und die entsprechenden Zertifikate aktivieren. Erst dann kann der Kunde mittels SET Zahlungen tätigen.[146]

#### 5.2.1.8 Skalierbarkeit

Die Kreditkarte ist für eine hohe Anzahl von Nutzern weltweit ausgelegt. Dass das Kreditkartensystem einer großen Anzahl von gleichzeitigen Zahlungen standhält wird, tagtäglich bewiesen, hängt im Internet aber auch stark mit den eingesetzten Händlerservern zusammen.

#### 5.2.1.9 Stornierungsmöglichkeiten

Stornierungsmöglichkeiten für den Kunden während einer Zahlung sind ab dem Zeitpunkt der Bestätigung kaum gegeben, da die Zahlungen an Terminals relativ schnell erfolgen. Auch im Internet ist eine direkte Stornierung stark von der eingesetzten Händler-Webapplikation abhängig. Große Internetanbieter wie Amazon.de bieten ihren Kunden einen persönlichen Bereich, wo verschiedene Zahlungsdaten hinterlegt und ausgewählt werden können. Solange die Ware nicht versendet ist, können diese Zahlungsdaten noch verändert werden.

---

[146] Vgl. Höft 2002, S. 55ff.

Dafür hat der Kunde die Möglichkeit, nach Erhalt der Abrechnung einen Betrag zu reklamieren. Dies ist allerdings ein eher umständliches Verfahren, da er die Reklamation innerhalb von sechs Monaten bei der Kreditkartengesellschaft schriftlich einreichen muss. Wird eine Reklamation von der Kreditkartengesellschaft ausgeführt, führt dies in der Regel zu einer Rückbuchung des Betrages von der Kreditkartengesellschaft beim Händler. Die oft hohen Gebühren werden dem Händler in Rechnung gestellt.

### 5.2.1.10 Absicherung im Schadensfall

Ein Verlust der Kreditkarte ist umgehend der entsprechenden Kreditkartengesellschaft mitzuteilen. Diese übernimmt nach der Meldung das gesamte Risiko, wenn dem Kunden keine grobe Fahrlässigkeit vorgeworfen werden kann. Vor der Verlustmeldung kann der Kunde mit einer maximalen Haftungssumme von 50,- Euro belegt werden. Alles, was darüber hinausgeht, wird ebenfalls von der Kreditkartengesellschaft übernommen.[147]

Beim Missbrauch von Kreditkartendaten ist die Sicherheit für Kunden und Händler gleichermaßen hoch, da die Kreditkartengesellschaften für ihr System haften, denn nur sie können die Sicherheit dieses Systems beeinflussen. Aus diesem Grunde kann das Haftungsrisiko, solange keine Sorgfaltspflichtverletzung vorliegt, nicht auf den Kunden oder den Händler übertragen werden. Diese Regelung gilt auch bei der Kreditkartennutzung im Internet mit Hilfe von SSL und SET.[148]

### 5.2.1.11 Zusammenfassung

Die Kreditkarte ist ein weltweit anerkanntes Zahlungssystem mit entsprechender Akzeptanz. Die gesetzlichen Regelungen, die im Handel bei der Kreditkartenzahlung in Kraft treten, sind bereits teilweise für Online-Zahlungen mit übernommen worden. Daher kann gesagt werden, dass die Bezahlung im Internet mit der Kreditkarte genauso sicher beziehungsweise unsicher ist wie die Bezahlung mit der Kreditkarte in einem Restaurant. Denn so wie der Kellner die entsprechenden Daten von der Karte zum Missbrauch entnehmen kann, so können auch Dritte im Internet die übermittelten Kreditkartendaten missbrauchen. Da bei der Zahlung im Restaurant die Sorgfaltspflicht des Kunden nicht verletzt wird, geschieht dies auch nicht bei Zahlungen im Internet über SSL oder SET. Da die jeweilige Kreditkartengesellschaft für die

---

[147] Vgl. AOL, (22.02.2005)
[148] Vgl. ebenda.

entsprechenden Sicherheitsvorkehrungen zuständig ist, muss diese das Risiko übernehmen, soweit der Händler seine Sorgfaltspflicht nicht verletzt hat. Für Kunden, denen die Anonymität und die Sicherheit nicht so wichtig sind, eignet sich das SSL Verfahren im Internet. Alle anderen sollten eher auf das SET Verfahren zurückgreifen, welches bis zum heutigen Zeitpunkt in Deutschland nur wenig Verbreitung gefunden hat.

Für Händler ist die Akzeptanz von Kreditkarten mit einem erheblichen Mehraufwand verbunden, gerade durch die höheren Provisionen der Kreditkartengesellschaften. Auch die Online-Überprüfung der Kreditkartendaten stellt einen weiteren Kostenaufwand dar. Im Handel gibt es bei Kreditkartenzahlungen in der Regel für den Händler weniger Probleme, da der Kunde einen entsprechenden Beleg unterschreibt. Im Internet wird dieser Beleg nicht ausgestellt und so kommt es gerade im Bereich der Kreditkartenzahlung mittels SSL für den Händler zu Problemen. Reklamiert ein Kunde eine Zahlung, muss der Händler nachweisen, dass ein entsprechender Leistungsaustausch mit dem Kunden stattgefunden hat. Aus diesem Grunde erhält der Händler in der Regel nur eine Zahlungszusicherung und keine -garantie.[149]

Auf der anderen Seite werden laut der Umfrage von Pago E- Transaction Services gerade bei Kreditkartenzahlungen im Internet höhere Warenkörbe erzielt. Vielleicht ist das der Grund, warum die Akzeptanz von Kreditkartenzahlungen hinter Vorkasse auf Platz zwei der beliebtesten Zahlungsverfahren auf Seiten der Händler genannt wird.

### 5.2.2 Lastschriftverfahren
EC- und Maestro-Karten erfreuen sich in Deutschland großer Beliebtheit. Im Gegensatz zu Kreditkarten, wo die Abrechnung in der Regel einmal monatlich ausgeführt wird, werden bei Lastschriftverfahren die Abbuchungen wenige Tage nach der Zahlung vom Konto des Kunden abgebucht. Dies ermöglicht eine direkte Überprüfung und Reklamation der Lastschrift.

### 5.2.2.1 Verbreitung und Marktdurchdringung
Die einfache EC-Karte ist nur für den Gebrauch in Deutschland gedacht. Für das Ausland werden Maestro-Karten benötigt. Allerdings integrieren die meisten EC-Karten mittlerweile auch gleichzeitig Maestro-Karten. Die Maestro-Karte ist mittlerweile weit verbreitet.

---

[149] Vgl. NASPA, (22.02.2005)

Innerhalb der Europäischen Union kann problemlos mit der Maestro-Karte bezahlt werden, außerhalb beschränkt sich die Verbreitung der Maestro-Karte eher auf Touristenzentren. Und hier werden in der Regel dann auch nur Barabhebungen an Auszahlungsautomaten vorgenommen.[150]

### 5.2.2.2 Sicherheit

EC- und Maestro-Karten in Deutschland verfügen über zwei Sicherheitsmechanismen. Zum einen ist dies die Prüfsumme und zum anderen der MM- Code. Mit diesen beiden Sicherheitsmechanismen kann sichergestellt werden, ob die Karte gefälscht oder gesperrt ist. Da viele Händler allerdings auf die Überprüfung verzichten, da Electronic Cash zu hohe Gebühren verursacht, verwenden viele Händler das elektronische Lastschriftverfahren. Hierbei findet keine Überprüfung der Kartendaten statt und so kann auch mit einer gefälschten Karte und einer Unterschrift problemlos gezahlt werden. Sollte eine Karte vom Kunden als gestohlen gemeldet werden, so kann dies ebenfalls mit dem elektronischen Lastschriftverfahren nicht herausgefunden werden.[151]

Auch bei Internetzahlungen kommt das elektronische Lastschriftverfahren zum Einsatz, hierbei findet in der Regel ebenfalls keine Überprüfung der Kundendaten statt. Wie gefährlich dies sein kann, zeigen die steigenden Betrugszahlen des Innenministeriums in Nordrhein Westfalen. Während im Jahr 2003 noch 7.259 Betrugsfälle gemeldet worden sind, sind es im Jahr 2004 bereits 15.110 Fälle. Dies bedeutet, dass die Betrugsfälle sich innerhalb eines Jahres in Nordrhein Westfalen fast verdoppelt haben.[152] Deutschlandweit wird von über 60.000 registrierten Betrugsfällen gesprochen.

### 5.2.2.3 Zahlungszeitpunkt

Der Einzug der Lastschrift erfolgt in der Regel ein bis zwei Tage nach Auslösen der Zahlung. Je nach dem, wo, im Handel oder im Internet, und für welche Ware der Kunde die Zahlung ausgelöst hat, kann die Ware bereits im Besitz des Kunden sein.

---

[150] Vgl. Gräber 2004, (23.02.2005)
[151] Vgl. Schneider/ Fichtenberger 2004 (23.02.2005)
[152] Vgl. Innenministerium NRW (23.05.2005)

#### 5.2.2.4 Zahlungsbereich

Elektronische Lastschriftverfahren eignen sich in der Regel für normale bis hohe Zahlungen, also Macropayments. Für Zahlungen von Kleinbeträgen eignet sich Electronic Cash aufgrund der hohen Gebühren nicht. Das elektronische Lastschriftverfahren ohne Zahlungsgarantie und die elektronische Lastschrift können theoretisch aufgrund ihrer geringeren Gebühren auch für Zahlungen von Kleinbeträgen genutzt werden. In der Regel wird für die Akzeptanz vom Händler, genau wie bei der Kreditkarte, ein Mindestbetrag von 5,- bis 10,- Euro verlangt.

#### 5.2.2.5 Kosten

Die Kosten für den Kunden beschränken sich in der Regel auf eine Jahresgebühr für die Karte. Weitere Kosten entstehen ihm durch Barabhebungen an Automaten, wenn diese nicht von der ausgestellten Bank sind, und im Ausland. Für direkte Kartenzahlungen fallen auf Seiten des Kunden keine Gebühren an. Der Händler muss neben den Anschaffungskosten für entsprechende Hard- und Software sowie eventuelle Zertifikate beim Electronic Cash 0,3% und bei Maestro- Karten 0,95% vom Umsatz als Disagio bezahlen. Beim elektronischen Zahlungsverfahren ohne Zahlungsgarantie fallen auf Seiten des Händlers 0,05 Euro für die Abfrage der Sperrdatei pro Transaktion an.[153]

#### 5.2.2.6 Anonymität

Elektronische Zahlungsverfahren gewährleisten keine Anonymität, weder im Handel und erst recht nicht im Internet. Der Händler erfährt bei jeder Transaktion sämtliche Zahlungsdaten des Kunden, im Internet zusätzlich noch die Adressdaten.

#### 5.2.2.7 Bedienbarkeit & Geschwindigkeit

Zahlungen über elektronische Lastschriftverfahren erfordern kein großes Geschick des Kunden, so dass auch Neulinge sich leicht in die Materie einarbeiten können. Während im Internet nur die entsprechenden Kartendaten eingegeben und an den Händler übermittelt werden müssen, erfolgt die Zahlung im Handel genau wie eine Kreditkartenzahlung. Beim Electronic Cash oder beim elektronischen Lastschriftverfahren ohne Zahlungsgarantie kann die Transaktionsabwicklung etwas mehr Zeit in Anspruch nehmen, da entsprechende Überprüfungen der Kundendaten erfolgen. In der Regel ist der Zeitaufwand jedoch mit dem Suchen und Herausgeben des Wechselgeldes bei Bargeldzahlungen zu vergleichen.

---

[153] Vgl. Bartsch/ Krieg, (06.02.2005)

### 5.2.2.8 Skalierbarkeit

Elektronische Lastschriftverfahren und vor allem Electronic Cash sind für eine hohe Anzahl von Nutzern ausgelegt. Auf Grund des dahinter stehenden Bankennetzes kann diese Verfügbarkeit auch garantiert werden.

### 5.2.2.9 Stornierungsmöglichkeiten

Bei elektronischen Lastschriftverfahren hat der Kunde nach Bestätigung der Zahlung direkt am Ort des Geschehens keine Stornierungsmöglichkeiten. Erst wenn die fällige Zahlung vom entsprechenden Konto abgebucht wird, kann er durch Stornierung den Betrag zurückholen. Dies erfolgt in der Regel sofort und kann ohne Angabe von Gründen durchgeführt werden. Die durch die Rückbuchung entstehenden Kosten werden den Händlern in Rechnung gestellt.

### 5.2.2.10 Absicherung im Schadensfall

Sollte ein Missbrauch oder Diebstahl eintreten, so kann der Kunde durch einen Anruf bei einer entsprechenden Sperr-Hotline seine Karte sperren lassen. Die Sperrung wird in der Regel innerhalb von achtundvierzig Stunden aktiviert. Nach der Sperrung der Karte übernimmt die entsprechende Bank die Haftung, soweit der Kunde seiner Sorgfaltspflicht nachgekommen ist. Vorher trägt der Kunde die Haftung.

### 5.2.2.11 Zusammenfassung

Elektronische Lastschriftverfahren sind in Ländern der Europäischen Union und gerade in Deutschland recht weit verbreitet. Da in der Regel fast jeder ein Konto besitzt, sind in den Haushalten auch entsprechende EC- beziehungsweise Maestro-Karten vorhanden. Die Akzeptanz ist bei den Händlern relativ hoch, fast überall werden in Ländern der Europäischen Union elektronische Lastschriftverfahren angeboten. Außerhalb der Europäischen Union sind elektronische Lastschriftverfahren weniger verbreitet, so dass Händler, die weltweit agieren möchten, auch andere Zahlungssysteme anbieten sollten.

Aufgrund der stark steigenden Betrugszahlen sollte das Zahlungssystem allerdings überdacht und angepasst werden. Electronic Cash bietet zwar entsprechende Voraussetzungen, wird aufgrund der hohen Kosten allerdings nicht flächendeckend eingesetzt. Auch bei Internetzahlungen kommt das herkömmliche Lastschriftverfahren zum Einsatz, wobei hier noch zu beachten ist, dass der Händler bei entsprechenden Internetzahlungen keinen schriftlichen Beleg mit der Unterschrift des Kunden vorweisen kann und das komplette Risiko trägt.

Bei einem Missbrauch der Kartendaten kann der Kunde die Karte sperren lassen. Nach dieser Sperrung übernimmt in der Regel die entsprechende Bank das Risiko, soweit der Kunde seine Sorgfaltspflicht nicht verletzt hat. Genau hier liegt das Problem. Immer häufiger versuchen Banken, dem Kunden die Schuld zuzuweisen, weil dieser angeblich seine Sorgfaltspflicht verletzt hat. Für den Kunden ist es nicht leicht, das Gegenteil zu beweisen.[154]

### 5.2.3 Geldkarte

Die Geldkarte hat den Vorteil, dass sie in der kontoungebundenen Form auch ohne ein entsprechendes Konto geführt werden kann. Das heißt, bestimmte Kundengruppen, wie zum Beispiel bei der Kreditkarte, werden von der Geldkarte nicht von Anfang an ausgeschlossen. Da eine Überziehung bei der Geldkarte nicht möglich ist, bietet sich die Geldkarte gerade für Jugendliche ohne eigenes Konto an, weil so auch Zahlungen im Internet getätigt werden können.

#### 5.2.3.1  Verbreitung und Marktdurchdringung

Durch die Anbringung auf den meisten EC- beziehungsweise Maestro-Karten erfreut sich die Geldkarte in Deutschland einer weiten Verbreitung. Allerdings hat sie sich bis jetzt nur bei Parkschein- und Bahnautomaten durchgesetzt. Auch im Internet hat die Geldkarte bislang noch keine richtige Akzeptanz gefunden, auch wenn dieses Zahlungssystem von immer mehr Händlern zumindest im Internet angeboten wird. In anderen Ländern werden ebenfalls ähnliche Systeme wie die Geldkarte erprobt, allerdings sind diese mit der Geldkarte nicht kompatibel, so dass die Geldkarte nur in Deutschland eingesetzt werden kann.

#### 5.2.3.2  Sicherheit

Im Handel gibt es bei der Bezahlung mit der Geldkarte keine Sicherheitsrisiken, da die Kundenkarte direkt mit der Händlerkarte durch das Kartenlesegerät verbunden wird. So ist der Einfluss Dritter ausgeschlossen. Im Internet sollte von Seiten des Kunden mindestens ein Klasse 3 Kartenlesegerät genutzt werden. Nur so kann sichergestellt werden, dass die PIN-Eingabe direkt zur Karte und nicht über den Kundenrechner geleitet wird, bei dem durch

---

[154] Vgl. QNC 2004, (23.05.2005)

entsprechende Trojaner die PIN ausgespäht und die Karte, sofern sie aus dem Kartenlesegerät nicht entfernt wird, missbraucht werden könnte. Des Weiteren sollte die Übertragung der Zertifikate nur über sichere Datenwege geschehen. Bei der Geldkarte erhält der Händler eine Zahlungsgarantie.

### 5.2.3.3 Zahlungszeitpunkt

Der Zahlungszeitpunkt erfolgt bei der Geldkarte in der Regel im Voraus, da die Geldkarte ein entsprechendes Guthaben aufweisen muss, um Zahlungen tätigen zu können. Dies bedeutet für den Kunden Zinsverluste, da das Guthaben auf der Geldkarte nicht verzinst wird. Bei einer Zahlung mit der Geldkarte wird der entsprechende Betrag direkt von der Geldkarte abgebucht und der Händlerkarte gutgeschrieben. Der Händler führt regelmäßig einen Kassenabschluss durch, bei dem die Umsatzinformationen an die entsprechende Bank weitergeleitet werden. Nach Überprüfung der Umsätze werden die Daten an die Evidenzzentrale weitergeleitet, von der der Händler die Zahlungen erhält.

### 5.2.3.4 Zahlungsbereich

Die Geldkarte ist seit der Währungsumstellung Euro tauglich. Auf Grund fehlender kompatibler Zahlungssysteme in anderen europäischen Ländern ist die Geldkarte auf den Einsatzort Deutschland beschränkt. Die Geldkarte eignet sich besonders für Zahlungen von Kleinbeträgen. Aufgrund des Maximalladebetrages ist die Geldkarte bei Macrozahlungen auf ihr Limit beschränkt.

### 5.2.3.5 Kosten

Die Kosten für den Kunden belaufen sich im Falle von Internetzahlungen auf die Anschaffungskosten eines Kartenlesegerätes. Ob sich aufgrund des Maximalladebetrages der Geldkarte ein Kartenlesegerät der Klasse 3 rentiert, ist dabei noch fraglich. Ansonsten muss der Kunde in der Regel nicht mit Zusatzkosten für die Karte rechnen, da die Karten meist auf entsprechenden EC- beziehungsweise Maestro-Karten installiert sind und für diese bereits eine Jahresgebühr erhoben wird. Lediglich das Aufladen der Karte kann, soweit es nicht an Automaten der ausgebenden Bank erfolgt, mit Gebühren belegt werden. Für den Händler fallen ebenfalls Kosten für die Anschaffung der Kartenterminals beziehungsweise der entsprechenden Zertifikate bei Internetnutzungen an. Des Weiteren werden dem Händler 0,3%, mindestens jedoch 0,01 Euro des Umsatzes als Gebühr abgezogen.

### 5.2.3.6 Anonymität

Die Kartenevidenzzentralen führen zu jeder vorhandenen Geldkarte ein entsprechendes Schattenkonto, auf dem die Umsätze ebenfalls verbucht werden. Diese Schattenkonten bieten zum einen Schutz vor Geldwäsche, da die Bundeszentralbank die Geldmenge nachverfolgen kann, und zum zweiten vor Missbrauch der Geldkarte. Dies führt allerdings nur zu einer Teilanonymität bei Zahlungen mit der Kreditkarte. Zwar verhindern entsprechende Datenschutzgesetze die Herausgabe der Daten an private Organisationen, jedoch können theoretisch staatliche Stellen die Daten anfordern.[155]

### 5.2.3.7 Bedienbarkeit & Geschwindigkeit

Die Zahlung mit der Geldkarte im Internet ist synchron zu der Zahlung im Handel. Aus diesem Grunde ist die Handhabung bekannt und auch von neuen Internetbenutzern schnell realisierbar. Durch die direkte Kommunikation der Kunden- mit der Händlerkarte wird ein schneller Zahlvorgang initialisiert.

### 5.2.3.8 Skalierbarkeit

Die Geldkarte ist speziell für Micropayments ausgelegt, daher kann sie mit einem Maximalbetrag von 200,- Euro geladen werden. Hinter der Geldkarte steht die gesamte deutsche Kreditwirtschaft, was die Frage aufkommen lässt, warum sie nur als nationale Lösung existiert.

### 5.2.3.9 Stornierungsmöglichkeiten

Mit der Bestätigung des Zahlungsbetrages tätigt der Kunde eine unwiderrufliche Zahlung. Hierbei ist es egal ob die Bestätigung im Handel oder im Internet erfolgt. Eine Stornierung oder Rückbuchung der Zahlung ist bei der Geldkarte nicht möglich. Sollte eine Falschbuchung vorliegen, müssen Händler und Kunde sich anderweitig einigen.

### 5.2.3.10 Absicherung im Schadensfall

Sollte die Geldkarte gestohlen oder eine Zahlung durch Dritte ausgelöst werden, so hat der Kunde keinen Anspruch auf Erstattung der Zahlung. In so einem Fall kann der Kunde lediglich eine Sperrung für das Aufladen der Karte beantragen. Hiermit wird verhindert, dass,

---

[155] Vgl. Höft 2002; S. 66.

sollte die PIN ebenfalls gestohlen worden sein, weitere Beträge vom Girokonto auf die Geldkarte geladen werden können. Für den bereits auf der Karte geladenen Betrag übernimmt die Bank keine Haftung. Sollte die Karte nach Ablauf der Gültigkeit bei der Evidenzzentrale noch ein Guthaben auf dem entsprechenden Schattenkonto aufweisen, so hat der Kunde Anspruch auf Auszahlung dieses Betrages. Hierfür muss er allerdings nachweisen, dass die Karte sowie der vorhandene Betrag von ihm sind.

### 5.2.3.11 Zusammenfassung

Die Geldkarte ist ein sicheres nationales Zahlungssystem für Kleinbeträge. Obwohl die gesamte deutsche Kreditwirtschaft für die Sicherheit bei Zahlungen bürgt[156], kann sich das Verfahren zurzeit keiner großen Beliebtheit erfreuen. Händler, die ihre Waren und Dienstleistungen im Internet anbieten, akzeptieren in letzter Zeit immer häufiger auch die Zahlungen mit der Geldkarte. Der Akzeptanz im Internet stehen allerdings die zusätzlichen Hardwareanschaffungen und Softwareinstallationen auf Kundenseite noch im Wege, da laut der IZU4 Umfrage nur sehr wenig Kunden bereit sind, für mehr Sicherheit Hardwareanschaffungen zu tätigen.

Ein weiteres Problem bei der Akzeptanz könnte die Regelung im Schadensfall sein, da Kunden bei der Geldkarte das gesamte Risiko tragen. Für Händler dagegen hat die Akzeptanz von Geldkartenzahlungen mehr Vorteile: Zum einen sind die Gebühren bei diesem Zahlungssystem günstiger als bei anderen und zum zweiten kann der Händler bei der Geldkarte immer seine Forderung durchsetzen.

### 5.2.4 Vergleich elektronischer Zahlungssysteme

Die Kreditkarte ist momentan das meistgenutzte elektronische Zahlungsverfahren weltweit. Aus diesem Grunde gibt es für die Kreditkarte weltweit ungefähr fünfzehn Millionen Akzeptanzstellen. Während die Geldkarte nur nationale Gültigkeit besitzt, erfreuen sich die EC- beziehungsweise Maestro-Karten weltweit bereits an fünf Millionen Akzeptanzstellen. Diese Akzeptanz kann unter anderem aus den Risiken für Kunden und Händler zu schließen sein. Die Geldkarte sichert zwar dem Händler eine Zahlungsgarantie, aber dafür trägt der Kunde das gesamte Risiko. Bei EC- beziehungsweise Maestro-Karten tragen Händler und Kunden unterschiedliche Risiken. Wobei Kreditkarten fast kein Risiko für Händler und

---

[156] Vgl. Euro Kartensystem II, (23.05.2005)

Kunden in sich bergen, da fast alles von den Kreditkartengesellschaften getragen wird. Dies scheint die wesentlich höheren Gebühren bei der Akzeptanz von Kreditkartenzahlungen für Händler sogar zu rechtfertigen.[157]

Das beste Beispiel hierfür liefert die Deutsche Bahn AG. Seit langem wird in Zügen der Deutschen Bahn das Bezahlen von Tickets durch Bar- oder Kreditkartenzahlung abgedeckt. Seit einiger Zeit können Kunden auch mit der EC-Karte ihre Tickets in den Zügen bezahlen, dieses soll jetzt allerdings wieder abgeschafft werden. Grund dafür sind die steigenden Betrugszahlen und der steigende Zahlungsausfall auf Seiten der Deutschen Bahn AG.[158]

Weiterhin scheinen der Verbreitung von Geldkartenzahlungen im Internet die Anschaffungskosten für zusätzliche Hard- und Software sowie die damit verbundene Zeit im Wege zu stehen. Da ein ähnliches Verhalten bei der Kreditkartenzahlung mittels SET nachvollziehbar ist, lässt sich daraus schließen, dass Kunden ein schnelles und einfaches Verfahren, wie es bei Kreditkartenzahlungen mit SSL oder dem Lastschriftverfahren zur Verfügung steht, der Sicherheit und der Anonymität vorziehen.

Alle behandelten Zahlungssysteme haben das Potential von hohen Teilnehmerzahlen, im Handel wie auch im Internet, genutzt zu werden, da hinter den Zahlungssystemen entweder die deutsche Kreditwirtschaft oder entsprechende Kreditkartengesellschaften stehen. Allerdings schließt die Kreditkarte von Anfang an bestimmte Personengruppen wie Jugendliche ohne eigenes Einkommen und Konto aus. Auch EC- beziehungsweise Maestro-Karten setzen voraus, dass ein Konto vorhanden ist. Lediglich bei der Geldkarte (kontoungebundene Form) ist ein Konto keine Voraussetzung.

Während sich die Geldkarte für den Einsatz auf Micropayments spezialisiert, sind Kredit-, EC- beziehungsweise Maestro-Karten für Macrozahlungen ausgelegt. Die Geldkarte basiert auf einem aufgeladenen Betrag, von dem die Umsätze abgezogen werden. Die Zahlungen für EC- beziehungsweise Maestro-Karten orientieren sich in der Regel am verfügbaren Kontolimit, während für Kreditkarten ein vereinbartes Limit gilt.

---

[157] Vgl. Forum, (23.02.2005)
[158] Vgl. Forum 2004, (23.02.2005)

## 5.3 Umfrageergebnis

Im Rahmen dieser Arbeit wurde vom 03.01.2005 bis 24.02.2005 eine Umfrage durchgeführt, um eine Übersicht über die zurzeit bestehende Meinung und Nutzung elektronischer Zahlungssysteme zu erhalten. Dabei ist es interessant zu erfahren, welche Meinungen, abhängig vom Geschlecht und Alter, über elektronische Zahlungssysteme bestehen.

Die Umfrage richtete sich an keinen speziellen Kundenkreis. Aufmerksamkeit bekam die Umfrage zum einen durch direktes ansprechen der Befragten vor Kaufhäusern und Supermärkten und zum anderen durch Einträge in Online-Foren. Um Verwirrungen bei den Befragten zu vermeiden sind die Begriffe Electronic Cash (EC-Karte mit Pin- Eingabe) und elektronisches Lastschriftverfahren (EC-Karte mit Unterschrift) ersetzt worden.

### 5.3.1 Aufbau der Umfrage

Die Umfrage besteht aus 12 Fragen, wobei die Befragten bei fast jeder Frage die Möglichkeit haben, zusätzliche Punkte zu erfassen. Frage 1 der Umfrage beschäftigt sich mit dem Bekanntheitsgrad von elektronischen Zahlungssystemen. Neben den bereits behandelten Zahlungssystemen sind die vier folgenden Zahlungssysteme aufgeführt, um Vergleichswerte zu erhalten:

- Click & Buy, wird unter anderem von Amazon.de angeboten. Es realisiert Bestellungen und Zahlungen mit einem Klick, da bereits im Vorfeld entsprechende Daten vom Kunden in den Händlerdatenbanken hinterlegt werden
- Net900, ermöglicht Zahlungen über die Telefonrechnung
- Digitale Währungen
- Paybox, bietet die Zahlung über das Mobiltelefon an

Frage 2 bezieht sich auf die Nutzung elektronischer Zahlungssysteme im Internet und Frage drei auf die Nutzung im Handel. Bei Frage 2 stehen ebenfalls die vier zusätzlichen Zahlungssysteme zur Auswahl.

Um herauszufinden wann elektronische Zahlungssysteme zum Einsatz kommen, wird in Frage 4 nach den entsprechenden Gründen gefragt. Angegeben werden nur die Höhe des Einkaufspreises, die vom Händler akzeptierten Verfahren und die persönliche Stimmung zum Zeitpunkt der Zahlung.

Die Frage, ob Kreditkartenzahlungen im Internet sicherer sind als im Restaurant ist bereist im Kapitel zuvor geklärt worden. Jedoch ist es interessant zu erfahren, wie die Allgemeinheit darüber denkt. Wird es ein ähnliches Ergebnis geben? Aus diesem Grunde beschäftigt sich Frage 5 damit.

In den Fragen 6 und 7 soll geklärt werden, welche Eigenschaften elektronische Zahlungsverfahren besitzen müssen, damit diese genutzt werden, und was die Befragten davon abhält entsprechende Systeme zu nutzen. Während in den Fragen 8 und 9 die Vor- und Nachteile, die durch elektronische Zahlungssysteme entstehen geklärt werden sollen, befassen sich die letzten drei Fragen mit statistischen Daten. Hierzu gehören das Geschlecht, das Alter und der derzeitige berufliche Stand.

### 5.3.2 Ergebnisse der Umfrage

An der Umfrage beteiligten sich insgesamt 200 Befragte. Diese teilen sich in 93 weibliche (46,5%) und 106 männliche (53%) Befragte. Ein Befragter (0,5% - 26 bis 35 Jahre) gab sein Geschlecht nicht an.

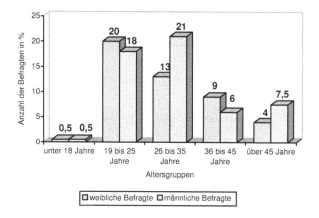

**Abbildung 22**: Aufteilung der Befragten nach Geschlecht und Alter

76,14% der Befragten (70,05% Vollzeit, 6,09% Teilzeit) sind berufstätig, aus diesem Grunde werden die Umfrageergebnisse nicht gesondert nach dem beruflichen Stand gegliedert.

**Frage 1 bis 3:**

In Abbildung 23 ist zu erkennen, dass elektronische Zahlungssysteme einen großen Bekanntheitsgrad erlangt haben. Während Electronic Cash (62,5%) bereits fast genauso häufig genutzt wird wie Barzahlungen (64%), kann sich die Geldkarte (3,4%) bei den Befragten kaum durchsetzen. Mit 21,5% liegen Kreditkartenzahlungen noch hinter der Nutzung elektronischer Lastschriftverfahren (33%).

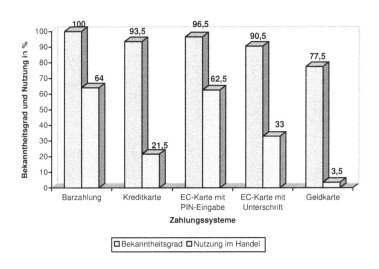

**Abbildung 23**: Bekanntheitsgrad und Nutzung im Handel

Die Nutzung elektronischer Zahlungssysteme teilt sich in den Altersgruppen wie folgt auf:

**Barzahlung:**
- unter 18 Jahre (1%)
- 18 bis 25 Jahre (21,5%)
- 26 bis 35 Jahre (21,5%)
- 36 bis 45 Jahre (11,5%)
- über 45 Jahre (8,5%)

**Kreditkarte:**
- unter 18 Jahre (0)
- 18 bis 25 Jahre (5,5%)
- 26 bis 35 Jahre (9%)
- 36 bis 45 Jahre (2,5%)
- über 45 Jahre (4,5%)

**EC-Karte mit PIN- Eingabe**

- unter 18 Jahre (0)
- 18 bis 25 Jahre (30%)
- 26 bis 35 Jahre (23,5%)
- 36 bis 45 Jahre (5,5%)
- über 45 Jahre (3,5%)

**EC-Karte mit Unterschrift**

- unter 18 Jahre (0)
- 18 bis 25 Jahre (16%)
- 26 bis 35 Jahre (11,5%)
- 36 bis 45 Jahre (2%)
- über 45 Jahre (2,5%)

Die Geldkarte wird überwiegend von den 19 bis 35jährigen genutzt. Während 5% der Befragten angaben, an der Tankstelle mit entsprechenden Firmentankkarten zu zahlen.

Kreditkartenzahlungen (34,5%) erreichen im Internet eine größere Akzeptanz als im Handel, jedoch dominieren auch hier Lastschriftverfahren (42,5%). Die Geldkarte erlangt im Internet die gleiche Akzeptanz wie im Handel. Die anderen Zahlungssysteme erreichen nur einen geringen Bekanntheitsgrad und eine ähnliche Nutzung wie die Geldkarte.

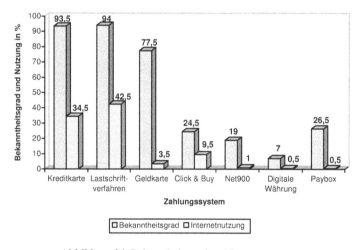

**Abbildung 24**: Bekanntheitsgrad und Internetnutzung

Aufgrund der geringen Nutzung werden im Folgenden nur Kreditkarten und Lastschriftverfahren nach Altersgruppen unterteilt:

**Kreditkarte**

- unter 18 Jahre (0)
- 18 bis 25 Jahre (12,5%)
- 26 bis 35 Jahre (16%)
- 36 bis 45 Jahre (3,5%)
- über 45 Jahre (2,5%)

**Lastschriftverfahren**

- unter 18 Jahre (0)
- 18 bis 25 Jahre (19%)
- 26 bis 35 Jahre (15%)
- 36 bis 45 Jahre (5,5%)
- über 45 Jahre (3%)

**Frage 4:**

Die Wahl eines Zahlungsmittels ist bei den Befragten abhängig von

- der Höhe des Einkaufspreises (65%)
- akzeptierte Zahlungssysteme des Händlers (33,5%)
- persönliche Stimmung (31%)
- mitgeführtes Bargeld (9%)

Weibliche Befragte achten bei der Wahl elektronischer Zahlungssystems eher auf die Höhe des Einkaufpreises, während männliche Befragte häufiger nach der persönlichen Stimmung entscheiden.

**Frage 5:**

Bei der Frage, ob Kreditkartenzahlungen im Internet sicherer sind als bei einem Kellner im Restaurant, sind die Befragten verschiedener Meinung:

- Sicherer (4,52%)
- Unsicherer (38,19%)
- Beides sicher (22,61%)
- Beides unsicher (34,67%)

**Frage 6 und 7:**

Damit die Befragten mit elektronischen Zahlungssystemen Zahlungen tätigen, müssen die folgenden Anforderungen erfüllt sein:

- Sicherheit (76%)
- Einfache Bedienung (63,5%)
- Keine langen Registrierungen (38%)
- Bewährtes Zahlungssystem (31,5%)

Bei diesem Ergebnis stellte sich heraus, dass weibliche Befragte bis 25 Jahre wert auf entsprechende Sicherheit und einfache Bedienung elektronischer Zahlungssysteme legen. Während männliche Befragte in dieser Altersgruppe mehr für kurze Registrierungszeiten und ein bewährtes Zahlungssystem stimmen. Erst in den anderen Altersgruppen steigt die Zahl männlicher Befragter in den Punkten Sicherheit und einfache Bedienung. Nachteilig auf elektronische Zahlungssysteme wirken die folgenden Faktoren:

- Fehlende Sicherheit (64,09%)
- Unbekannte Händler (49,17%)
- Lange Registrierungen (42,54%)
- Softwareinstallationen (39,78%)
- Kosten (35,91%)
- Unbekanntes Zahlungssystem (33,15%)

Wobei hier festzustellen ist, dass männliche Befragte diese Faktoren stärker bewerten.

**Weibliche Befragte:**
- Fehlende Sicherheit (24,86%)
- Unbekannte Händler (16,57%)
- Lange Registrierungen (16,57%)
- Softwareinstallationen (17,13%)
- Kosten (17,68%)
- Unbekanntes Zahlungssystem (16,02%)

**Männliche Befragte:**
- Fehlende Sicherheit (34,81%)
- Unbekannte Händler (29,28%)
- Lange Registrierungen (23,2%)
- Softwareinstallationen (20,99%)
- Kosten (18,78%)
- Unbekanntes Zahlungssystem (18,23%)

**Frage 8 und 9:**

Wie bereits erwähnt entstehen durch elektronische Zahlungssysteme Vor- und Nachteile. Die Vorteile bestehen für die Befragten aus Bequemlichkeit (78,5%), Flexibilität (70%), einer schnelleren Abwicklungen von Transaktionen (53%), daraus resultierende Zeiteinsparungen (47%) und einer permanenten Verfügbarkeit (43,5%).

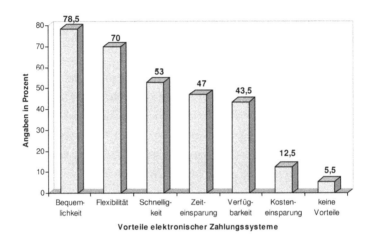

**Abbildung 25**: Vorteile elektronischer Zahlungssysteme

Flexibilität und Verfügbarkeit werden von beiden Geschlechtern gleichstark bewertet. Auch in den entsprechenden Altersgruppen gibt es bei dem Punkt Verfügbarkeit nur geringe Abweichungen. Anders ist es bei der Flexibilität. Diese wird von weiblichen Befragten im Alter von 19 bis 25 Jahren und männlichen Befragten im Alter von 26 bis 35 Jahren höher eingestuft, als bei dem anderem Geschlecht in ihrem Alter. Im Ganzen betrachtet werden die Vorteile von männlichen Befragten stärker bewertet.

Über die Hälfte der Befragten (54,21%) sind der Meinung, dass elektronische Zahlungssysteme keine Nachteile verursachen. Neben Kostenerhöhungen (20%) und langen Wartezeiten (15,79%), geben 4,74% der Befragten an, durch elektronische Zahlungssysteme den Überblick über das vorhandene Geld zu verlieren.

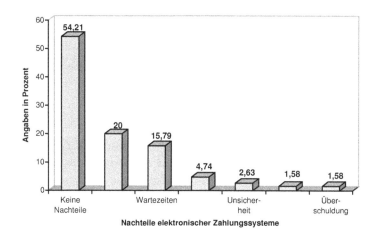

**Abbildung 26**: Nachteile elektronischer Zahlungssysteme

Des Weiteren besteht laut den Befragten kein ausreichender Datenschutz (1,58%), da selbst die Verwendung der Daten beim Händler nicht nachvollzogen werden kann. Insgesamt gaben 6% der Befragten an, nie elektronische Zahlungssysteme zu nutzen. Internetzahlungen werden in diesen Fällen auf Rechnung oder per Nachnahme beglichen.


### 5.3.3 Zusammenfassung

Die Meinungen über elektronische Zahlungssysteme variieren. Einige Befragte meiden elektronische Zahlungssysteme, andere nutzen diese fast ausschließlich. Ein großer Nachteil elektronischer Zahlungssysteme scheint das Fehlen von Bargeld an sich zu sein, da dies nur ausgegeben werden kann, solange es verfügbar ist. Bei elektronischen Zahlungssystemen ist kein Bargeld vorhanden. Aus diesem Grunde verlieren die Befragten teilweise den Überblick und verschulden sich. Einige Befragte haben mittlerweile so viele verschiedene Karten, dass weitere ihrerseits abgelehnt beziehungsweise alle Karten abgegeben werden. Im Handel stellen die zurzeit eingesetzten Kartenlesegeräte nach Meinung der Befragten ein weiteres Problem da. Diese unterscheiden sich bei der Abwicklung eines Zahlvorganges erheblich in der Geschwindigkeit, so dass einige Versandhäuser mit Kartenzahlungen gemieden werden.

Auffallend bei dem Umfrageergebnis ist, dass gerade im Handel elektronische Lastschriftverfahren noch weit vor der Kreditkarte liegen, unabhängig vom Alter. Während die Kreditkartenzahlung im Internet bei den 26 bis 35jährigen Befragten bereits häufiger verwendet wird.

## 6    Fazit

Die weltweite Akzeptanz von elektronischen Zahlungssystemen basiert auf unterschiedlichen Anforderungen. Auch wenn Kunden Sicherheit und Anonymität für sehr wichtig einstufen, so sind sie nicht bereit, dafür höhere Kosten in Kauf zu nehmen. Bietet ein elektronisches Zahlungssystem einen ausreichenden oder hohen Schutz seitens der herausgebenden Banken oder Kreditkartengesellschaften, so dass im Schadensfall der Kunde nur für einen geringen Schaden haftbar gemacht wird, so sind Kunden bereit, auf einen gewissen Teil an Sicherheit und Anonymität zu verzichten. Anders herum ist dieses Verhalten allerdings nicht zu beobachten. Ein elektronisches Zahlungssystem, welches hohe Sicherheit und im Gegensatz zu anderen Verfahren einen hohen Anteil an Anonymität gewährt, wird eher abgelehnt, wenn von Seiten der herausgebenden Banken keine Haftung im Schadensfall übernommen wird. Übertragen lassen sich diese Verhaltensmuster nicht auf alle Zahlungssysteme, da weitere Kriterien, wie die Bedienbarkeit, erforderliche Hard- und Softwareausstattungen und entstehende Kosten, einen entscheidenden Einfluss nehmen.

Welche Akzeptanz ein elektronisches Zahlungssystem in einem Land erhält, ist auch stark von der Bevölkerung abhängig. Während in den USA fast jeder eine Kreditkarte besitzt und einsetzt, erfreut sich die Kreditkarte in Deutschland nicht ganz so großer Beliebtheit.

Auch bei Händlern stehen die Ziele (Kosten- und Zeiteinsparungen) im Konflikt mit der Sicherheit. Aus Kostengründen verzichten viele Händler auf vorhandene Sicherheitsmechanismen, die Zahlungsausfälle vermeiden beziehungsweise reduzieren könnten, da die durch Zahlungsausfälle entstehenden Kosten geringer sind als die Kosten für die Sicherheitsmechanismen. In der Vergangenheit häuften sich allerdings Betrugsfälle, so dass diese Denkweise der Händler bereits im Wandel begriffen ist. Ein Zahlungssystem, welches wie die Kreditkarte eine weltweite Akzeptanz genießt, wird von Händlern gerne eingesetzt, da es sich um ein bewährtes Zahlungssystem handelt, bei dem mit einer steigenden Akzeptanz gerechnet wird.

Jedes Zahlungssystem hat irgendwo irgendwelche Schwachstellen. In naher Zukunft wird es wahrscheinlich auch kein elektronisches Zahlungssystem geben, welches allen Bedürfnissen von Kunden und Händlern gerecht wird. Für eine weltweite Akzeptanz muss dies allerdings auch nicht der Fall sein.

# Literaturverzeichnis

**ADAC:** VISA- und MasterCard: in http://www.adac.de/FinanzService/Kreditkarten/: (18.02.2005)

**Amor, Daniel (2000):** Die E- Business- (R)Evolution: Galileo Press, Bonn 2000, 1. Auflage, 1. korrigierter Nachdruck

**Alpar, Paul / Pickerodt, Sebastian / Pfuhl, Markus:** Leitfaden eShop: in http://213.216.14.132/leitfaden/index.html: Philipps- Universität Marburg (Hrsg.), S.22, 23; (20.02.2005)

**AOL:** Kreditkarten - Welches Plastik ist für wen das beste? : in http://www.aol.de/index.jsp?cid=1230961&pageId=0&sg=Finanzen_Kredite: (22.02.2005)

**Bartsch, Christian / Krieg, Stefan:** Zahlung mit Karten – Zahlungsarten mit Karte und deren Kosten: in http://www.zahlungsverkehrsfragen.de/frameset.html: Frankfurt; (06.02.2005)

**Benninghaus, Thomas (2002):** Sicherheitsmerkmale von elektronischen Zahlungssystemen, in: Sauerburger, Heinz (Hrsg.) (2002): HMD 224 Praxis der Wirtschaftsinformatik, Zahlungssysteme/ E- Banking: dpunkt Verlag, Heidelberg 2002, S. 43 – 53

**Best, Robert B. / Köhler, Thomas R. (2000):** Electronic Commerce: Addison-Wesley Verlag, München 2000, 2. Auflage

**Beutelspacher, Albrecht / Schwenk, Jörg / Wolfenstetter, Klaus Dieter (2004):** Moderne Verfahren der Kryptographie: Friedr. Vieweg & Sohn Verlag, Wiesbaden 2004, 5. Auflage

**B+S Card Service:** Die unterschiedlichen Zahlungskarten: in http://www.bs-card-service.com/deutsch/interessenten/kartenabrechnung/index.html: (18.02.2005)

**Bundesministerium für Arbeit (2003):** Sicher übertragen: Secure Socket Layer (SSL): in http://www.mittelstand-sicher-im-internet.de/content-details.php?54: Berlin 2003; (10.02.2005)

**Chief Information Office (2004):** Public Key Infrastructure (PKI): in http://www.cio.gv.at/it-infrastructure/pki/: Bundeskanzleramt Österreich (Hrsg.), Wien 2004; (27.02.2005)

**CompuTop:** CompuTop ELV und ELV Score: in http://www.computop.de/content/frameview.asp?ID=20010906141027&language=de: Bamberg; (12.02.1005)

**Datacom Buchverlag:** Challenge-Response-Verfahren: in http://www.itwissen.info/?ano=01-013624&id=31; (18.02.2005)

**Euro Kartensysteme I:** Checkliste Geldkarte-Akzeptanz: in http://www.geldkarte.de; Frankfurt am Main; (06.02.2005)

**Euro Kartensysteme II:** Lassen Sie sich durch die Welt der Karte führen... : in http://www.geldkarte.de; Frankfurt am Main; (06.02.2005)

**Forum:** Konten und Karten: in http://www.forum.de/do/showNewsDetail;jsessionid=D927FDFDE3A9CF4BC3D F82D7C7EE40BA?itemId=12472&sectionId=12688&catId=1020: (23.02.2005)

**Forum (2004):** Bahn beendet EC-Kartenzahlung in den Zügen: in http://www.forum.de/do/displayForiumNews?catId=1&itemId=24306&firstText=y es: 2004; (23.02.2005)

**Forschungsinstitute für Telekommunikation (1999):** Kreditkarten akzeptieren im Online-Shop: Dortmund 1999; (11.02.2005)

**Fryba, Martin (2005):** Kreditkartenzahlungen bringen den größten Umsatz: in http://www.informationweek.de/cms/938.0.html?&scfp=6827: CMP – WEKA Verlag, München 2005; (08.02.2005)

**Furche, Andreas / Wrightson, Graham (1997):** Computer Money: dpunkt Verlag, Heidelberg 1997, 1. Auflage

**Geis, Ivo (2004):** Rechtssicherheit des elektronischen Geschäftsverkehrs: Verlag Recht und Wirtschaft, Heidelberg 2004

**Gräber, Berrit (2004):** Urlaub im Euroland: in http://www.stern.de/wirtschaft/geld/?eid=527460&id=526961&nv=ex_L3_ct: Stern.de (Hrsg.) 2004; (23.02.2005)

**Höft, Marc (2002):** Zahlungssysteme im Electronic Commerce: Sie schaffen es! Verlag, Hamburg 2002

**Innenministerium NRW:** Polizeiliche Kriminalstatistik 2003: in http://www.im.nrw.de/sch/718.htm: (23.05.2005)

**Jacobsen, Olaf (2002):** E- Payment mit Chipkarten – Die Geldkarte als Zahlungsmittel im Internet, in: Sauerburger, Heinz (Hrsg.) (2002): HMD 224 Praxis der Wirtschaftsinformatik, Zahlungssysteme/ E- Banking: dpunkt Verlag, Heidelberg 2002, S. 22 – 28

**Ketterer, Karl-Heinz (2001):** Internetzahlungssysteme aus Sicht der Verbraucher, Ergebnisse der Online-Umfrage IZU4: in http://www.iww.uni-karlsruhe.de/izv/pdf/izv4_auswertung.pdf; Universität Karlsruhe 2001; (21.02.2005)

**Ketterer, Karl-Heinz (2002):** Internetzahlungssysteme aus Sicht der Verbraucher, Ergebnisse der Online-Umfrage IZU5: in http://www.iww.uni-karlsruhe.de/izv/pdf/izv5_auswertung.pdf; Universität Karlsruhe 2002; (21.02.2005)

**Ketterer, Karl-Heinz (2003):** Internetzahlungssysteme aus Sicht der Verbraucher, Ergebnisse der Online-Umfrage IZU6: in http://www.iww.uni-karlsruhe.de/izv/pdf/izv6_auswertung.pdf; Universität Karlsruhe 2003; (21.02.2005)

**Krause, Jörg (1999):** Electronic Commerce und Online- Marketing: Carl Hanser Verlag, München, Wien 1999

**N24 (2002):** Sicherheitsrisiko Kreditkarte? Internet- Nutzer oftmals zu unvorsichtig: in http://www.n24.de/netnews/trends/?a2002090512112164024: 2002; (22.02.2005)

**NASPA:** Warum spricht man bei einer Kreditkartenzahlung von einer Zahlungssicherheit und nicht einer Zahlungsgarantie?: in http://www.naspa.de/05_ebanking/05_4_7_1_faqs.php#21: (22.02.2005)

**Lauert, Alexander (1999):** Elektronisches Bezahlen: in http://ddi.cs.uni-potsdam.de/Lehre/e-commerce/elBez2-5/index.html: Potsdam 1999; (17.02.2005)

**LDA:** Bundesdatenschutzgesetz, Paragraph 1: in http://www.lda.brandenburg.de/sixcms/detail.php?id=68311&template=allgemein_lda: Landesbeauftragte für Datenschutz Brandenburg; (27.02.2005)

**Lepschies, Gunter (2000):** E-Commerce und Hackerschutz: Friedr. Vieweg & Sohn Verlag, Braunschweig, Wiesbaden 2000, 2. Auflage

**Leptihn, Bernd (2000):** Vorsicht, Ihr Konto wird beklaut, in: NDR- Redaktion des ARD- Ratgeber Technik (Hrsg.) (2000): Heel Verlag, Königswinter 2000

**Lukas, Silvia (1995):** Elektronische Zahlungssysteme in Deutschland: Hermann Luchterhand Verlag, Neuwied, Kriftel, Berlin 1995

**Merhof, Jochen (2003):** Konzepte von Betriebssystem-Komponenten, Schwerpunkt Authentifizierung, Benutzerverwaltung mit Kerberos: in http://www4.informatik.uni-erlangen.de/Lehre/SS03/PS_KVBK/talks/Ausarbeitung-Kerberos.pdf: 2003; (18.02.2005)

**Merz, Michael (1999):** Electronic Commerce: dpunkt Verlag, Heidelberg 1999, 1. Auflage

**Popall, Mario:** Sicherheit im Internet: in http://www.fh-wedel.de/~si/seminare/ws96/ausarbeitung/sem_java.htm: Fachhochschule Wedel, 1996/97; (18.02.2005)

**PSW Group:** SSL-Zertifikate & TRUSTLOGOS: in http://www.psw.net/ssl.cfm: Fulda; (10.02.2005)

**QNC (2004):** EC-Karten Betrug, der stille Weg zum schnellen Geld: in http://www.123recht.net/article.asp?a=9024: 2004; (23.02.2005)

**Quoka:** Infos zu Zahlarten – Ihre Zahlungsvarianten bei Quoka: in http://www.quoka.de/infopopup.cfm?TITLE=Infos%20zu%20Zahlarten&INCLUD E=INFO_PAYTYPES: (06.02.2005)

**Rebstock, Michael / Hildebrand, Knut (1999):** E- Business für Manager: MITP-Verlag, Bonn 1999, 1. Auflage

**Reichenbach, Martin (2002):** Elektronische Zahlungssysteme – Eine einführende Darstellung, in: Sauerburger, Heinz (Hrsg.) (2002): HMD 224 Praxis der Wirtschaftsinformatik, Zahlungssysteme/ E- Banking: dpunkt Verlag, Heidelberg 2002, S. 7 – 21

**RSA Security (2004):** Mathematiker aus aller Welt haben RSA- 576 Faktorisierungsaufgabe gelöst: in http://www.rsasecurity.com/press_release.asp?doc_id=4243&id=2678: RSA Security GmbH, Billo PR GmbH, Mainz, Wiesbaden 2004; (17.02.2005)

**RTC (2003):** Kürzen eines Bruches – der Euklidische Algorithmus: in http://www.linux-related.de/index.html?/coding/alg_euklid.htm: 2003; (18.02.2005)

**Schneider, Matthias / Fichtenberger Raimund (2004):** EC-Karten Betrug; in http://www.einslive.de/daswort/derservice/gewalt/ec-karten-betrug/index.phtml; Westdeutscher Rundfunk (Hrsg.) 2004; (23.02.2005)

**Schneier, Bruce (2001):** Secrets & Lies: dpunkt Verlag, Heidelberg, Wiley- VCH Verlag, Weinheim (2001), 1. Auflage

**Sparkasse Köln I:** Bargeldloses zahlen mit elektronischen Zahlungsmitteln: in www.sk-koeln.de/RESSOURCES/files/firmenkunden/ElectronicCash.pdf: (10.12.2004)

**Sparkasse Köln II:** E-Business-Anwendungen der Sparkasse Köln: in http://www.sk-koeln.de/RESSOURCES/files/firmenkunden/ProspektE-Business.pdf: (10.12.2004)

**Stolpmann, Markus (1997):** Elektronisches Geld im Internet: O'Reilly Verlag, Köln 1997, 1. Auflage

**Tritschler, Michael (2002):** Rechtsfragen des elektronischen Zahlungsverkehrs, in: Sauerburger, Heinz (Hrsg.) (2002): HMD 224 Praxis der Wirtschaftsinformatik, Zahlungssysteme/ E- Banking: dpunkt Verlag, Heidelberg 2002, S. 87 - 93

**United Payment:** Virtuelle Terminals – Die Alternative: in http://www.unitedpayment.de/produkte/virtualterminals.php:    Grasbrunn; (23.01.2005)

**Wächtler, Peter (1999):** Kerberos – Eine Frage des Vertrauens: in http://www.linux-magazin.de/Artikel/ausgabe/1999/05/Kerberos/kerberos.html: Linux Magazin Verlag 1999, (18.02.2005)

**Weber, Caroline B. (2002):** Zahlungsverfahren im Internet: Dr. Otto Schmidt Verlag, Köln 2002

**Zaag, Mohamed L. (2000):** Seminar Digitaler Zahlungssysteme – Kartenzahlung mittels SET: in http://goethe.ira.uka.de/seminare/dzs/set/: Universität Karlsruhe 2000; (12.02.2005)

**Zentraler Kreditausschuss (2004):** Geldkarte: in http://www.zentraler-kreditausschuss.de/index.php?theme=zahlungsverkehr.htm: 2004; (06.02.2005)

**Zentraler Kreditausschuss Pressemitteilung (2004):** Kreditwirtschaft stellt POZ-Verfahren Ende 2006 ein: in http://www.zentraler-kreditausschuss.de/index.php?theme=pressemitteilungen.htm&year=2004: 2004; (06.02.2005)

**Zöppig, Jörn:** LANline das Magazin für Netze, Daten und Telekommunikation - Lexikon: in http://www.lanline.de/html/lanline/lexikon/FrameLexikon.htm; Aktuelles Wissen Verlags Verlagsgesellschaft mbH; (17.02.2005)

Eidesstattliche Erklärung

Hiermit versichere ich, dass die vorliegende Arbeit von mir selbständig und ohne unerlaubte Hilfe angefertigt worden ist, insbesondere, dass ich alle Stellen, die wörtlich oder annähernd wörtlich aus Veröffentlichungen entnommen sind, durch Zitate als solche kenntlich gemacht habe.

Marl, den 28.02.2005

# Wissensquellen gewinnbringend nutzen

**Qualität, Praxisrelevanz und Aktualität** zeichnen unsere Studien aus. Wir bieten Ihnen im Auftrag unserer Autorinnen und Autoren Diplom-, Magister- und Staatsexamensarbeiten, Master- und Bachelorarbeiten, Dissertationen, Habilitationen und andere wissenschaftliche Studien und Forschungsarbeiten zum Kauf an. Die Studien wurden an Universitäten, Fachhochschulen, Akademien oder vergleichbaren Institutionen im In- und Ausland verfasst. Der Notendurchschnitt liegt bei 1,5.

**Wettbewerbsvorteile verschaffen** – Vergleichen Sie den Preis unserer Studien mit den Honoraren externer Berater. Um dieses Wissen selbst zusammenzutragen, müssten Sie viel Zeit und Geld aufbringen.

**http://www.diplom.de** bietet Ihnen unser vollständiges Lieferprogramm mit mehreren tausend Studien im Internet. Neben dem Online-Katalog und der Online-Suchmaschine für Ihre Recherche steht Ihnen auch eine Online-Bestellfunktion zur Verfügung. Eine inhaltliche Zusammenfassung und ein Inhaltsverzeichnis zu jeder Studie sind im Internet einsehbar.

**Individueller Service** – Für Fragen und Anregungen stehen wir Ihnen gerne zur Verfügung. Wir freuen uns auf eine gute Zusammenarbeit.

### Ihr Team der Diplomarbeiten Agentur

Diplomica GmbH
Hermannstal 119k
22119 Hamburg

Fon: 040 / 655 99 20
Fax: 040 / 655 99 222

agentur@diplom.de
www.diplom.de

www.ingramcontent.com/pod-product-compliance
Lightning Source LLC
LaVergne TN
LVHW092340060326
832902LV00008B/740